Ernst Steinmann

Domenico Ghirlandajo

Ernst Steinmann

Domenico Ghirlandajo

ISBN/EAN: 9783743314689

Hergestellt in Europa, USA, Kanada, Australien, Japan

Cover: Foto ©Thomas Meinert / pixelio.de

Manufactured and distributed by brebook publishing software (www.brebook.com)

Ernst Steinmann

Domenico Ghirlandajo

Liebhaber-Ausgaben

Künstler-Monographien

In Verbindung mit Andern herausgegeben
von
H. Knackfuß

XXV

Ghirlandajo

Bielefeld und Leipzig
Verlag von Velhagen & Klasing
1897

Ghirlandajo

Von

Ernst Steinmann

Mit 65 Abbildungen nach Gemälden und Zeichnungen

Bielefeld und Leipzig
Verlag von Velhagen & Klasing
1897

Von diesem Werke ist für Liebhaber und Freunde besonders luxuriös ausgestatteter Bücher außer der vorliegenden Ausgabe

eine numerierte Ausgabe

veranstaltet, von der nur 50 Exemplare auf Extra-Kunstdruckpapier hergestellt sind. Jedes Exemplar ist in der Presse sorgfältig numeriert (von 1—50) und in einen reichen Ganzlederband gebunden. Der Preis eines solchen Exemplars beträgt 20 M. Ein Nachdruck dieser Ausgabe, auf welche jede Buchhandlung Bestellungen annimmt, wird nicht veranstaltet.

Die Verlagshandlung.

Selbstbildnis von Domenico Ghirlandajo aus der Vertreibung Joachims.
Florenz, Santa Maria Novella.

Domenico Ghirlandajo.

I.

"Das höchste Entzücken des Zeitalters" hat Vasari die Kunst des Domenico Ghirlandajo genannt, dessen Leben er mit besonderer Ausführlichkeit schildert, dessen Qualitäten als Künstler und als Mensch er die größte Anerkennung zu teil werden läßt, dessen vorzeitigen Tod er als ein Unglück beklagt, von welchem ganz Florenz betroffen wurde. So ungeschmälertes Lob, so aufrichtige Bewunderung, wie Ghirlandajo, hat selbst Botticelli niemals von dem Aretiner Biographen erfahren, dessen Urteil augenscheinlich durch den glänzenden Erfolg bestochen wurde, welcher dem Domenico di Tommaso während eines kurzen mit fieberhafter Thätigkeit ausgefüllten Daseins überreichlich zu teil geworden ist. Haben die Zeitgenossen Vasaris Urteil über die beiden Künstler geteilt, in deren Werken sich Zug für Zug die Kultur der Florentiner Frührenaissance wiederspiegelt? Die Thatsache, daß Botticelli wirklich selbständige Nachahmer seiner Eigenart niemals gefunden hat, daß Ghirlandajo dagegen eine Schule gründete, die sich durch seine Brüder David und Benedetto, durch seinen Sohn Ridolfo, durch Bastiano Mainardi und Francesco Granacci bis auf Andrea del Sarto fortpflanzte, spricht für sich selber. Botticelli, welcher uns mit den Geistesströmungen jener merkwürdigen Zeit vertraut macht, die wie das Blut in den Adern des menschlichen Körpers geheimnisvoll nach ewigen Gesetzen ihre stillen Wege gehen, hat die Gunst der großen Menge eigentlich niemals besessen und ist je älter desto einsamer geworden. Ghirlandajo, der niemals einen Auftraggeber unbefriedigt aus seiner Bottega entließ, der sich einmal wünschte, die Mauern von Florenz mit seinen, den frohen Schein des Lebens so unübertrefflich schildernden, Freskogemälden schmücken zu dürfen, ist zweifelsohne als Maler ebenso populär gewesen, wie Donatello als Bildhauer und Brunellesco als Architekt. Mit einer rastlosen Schaffensfreudigkeit vereinte er überdies die höchste Fertigkeit in der niemals verlassenen Freskotechnik, und indem er die alten Gedankenkreise, in denen sich sein Lehrer Baldovinetti und der ihm geistesverwandte Benozzo Gozzoli bewegt hatten, einfach fortsetzte, entwickelte er die historische Wandmalerei zu einer nie erreichten Blüte und stellte sie ganz in den Dienst des frisch pulsierenden, von geistigen und weltlichen Interessen mächtig erregten bürgerlichen Lebens im alten fröhlichen Florenz.

Wie sein Vater Tommaso Bigordi, so wollte auch der junge Domenico Goldschmied werden, und er muß in dieser Kunst schon Tüchtiges geleistet haben, wenn er eine Menge Votivgeschenke und die silbernen Lampen am Altar der Santissima Annunziata arbeitete, welche der Belagerung der Stadt im Jahre 1529 zum Opfer fielen. Aber auf die Dauer konnte ihn dies Gewerbe nicht befriedigen, und die Zeichenkünste, welche auch der Goldschmied fleißig üben mußte, riefen den Maler in ihm wach. So wurde er dem etwas nüchternen aber doch in der Schlichtheit seiner Darstellungsweise überaus anziehenden Alesso Baldovinetti in die Lehre gegeben, dessen Kunstcharakter man heute noch in der Verkündigung von Tau-

Miniato, der Geburt in der Vorhalle der Annunziata und einigen Tafelbildern der Akademie und der Uffizien studieren kann. In der Werkstatt dieses Meisters legte Ghirlandajo

nung, die wirkliche Malerei aber ist das Mosaik, welches für die Ewigkeit gemacht ist.

Die Jugendentwickelung Ghirlandajos, welche sich so gleichmäßig fortschreitend,

Abb. 1. Tod der heiligen Fina. San Gimignano. Kollegiatkirche. (Nach einer Photographie von Gebr. Alinari, Florenz.)

die Grundlagen für sein späteres Schaffen, und nicht nur Zeichnen und Malen hat er hier gelernt, sondern auch in der Mosaikarbeit solche Fertigkeit erlangt, daß ihm Vasari die Äußerung zuschreiben konnte: was wir Malerei nennen, ist nur Zeich-

so sicher erreichbaren Zielen nachstrebend vollzogen haben wird, wie das ganze spätere Leben des Mannes, können wir heute nicht mehr verfolgen. Sie bietet bei dem eifrigen Schüler Baldovinettis, der auch gelegentlich Anregungen von Verrocchio in sich aufnahm, keine psychologisch so interessanten Probleme dar, wie das Erwachen und Erstarken des Genius in einem Botticelli, einem Raffael und Michelangelo. Und doch muß es beklagt werden, daß sich in Florenz kein einziges Frühwerk Ghirlandajos erhalten hat. Dürfen wir Vasari Glauben schenken, so malte der junge Künstler seine ersten Wandbilder in der Kapelle der Vespucci in Ognisanti, und eine andere gleichzeitige Quelle berichtet, daß es ein Tabernakel mit Geschichten des heiligen Paulinus in Santa Croce war, durch welches Ghirlandajos Name zuerst bekannt wurde. Die Fresken in Ognisanti und das Tabernakel in Santa Croce sind zu Grunde gegangen, aber die ehrenvollen Aufträge, welche den frühgereiften Künstler schon vor dem Jahre 1475

Abb. 2. Begräbnis der heiligen Fina. San Gimignano, Kollegiatkirche.
(Nach einer Photographie von Gebr. Alinari, Florenz.)

Brett regungslos mit gefalteten Händen ruht, das leuchtende Auge auf die Erscheinung gerichtet. Zwei ältere Frauen leisten ihr Gesellschaft: die treue Amme Beldia hebt das Haupt der Sterbenden ein wenig empor, ihr den Anblick der Vision zu erleichtern, die andere Matrone gibt durch Ausdruck und Gebärde der erhobenen Linken kund, daß auch ihrem Auge sich das große Wunder offenbart. Das Fresko ist etwas kalt im Ton und ziemlich hart in der Zeichnung, aber wie weihevoll ist die Stimmung, die diesen engen Raum erfüllt, wie rührend der Ausdruck seliger Freude in Finas regelmäßigen Zügen, wie herb und wahrhaftig die Charakterschilderung der wackeren Matronen, die mit etwas zuvidem Staunen zusehen, wie das Unbegreifliche Ereignis wird!

In dem Begräbnis der heiligen Fina (Abb. 2) gegenüber, wo sich in Zeichnung und Kolorit ein großer Fortschritt kundgibt, fand Ghirlandajo zum erstenmal Gelegenheit, sein tüchtiges Kompositionstalent zu entwickeln. Auf dem mit golddurchwirktem Brokat belegten Katafalk liegt die Heilige ausgestreckt vor dem Altar einer im reichsten Renaissancestil erbauten Kapellenabsis, die nach rechts und links den Blick auf das vieltürmige Städtchen freiläßt. Santa Fina schlummert so friedlich und süß, wie Sankt Ursula in Carvaccios reizendem Bilde, in der Akademie Venedigs und besiegelt noch im Tode durch Wunderthaten ihren heiligen Wandel. Beginnen doch die Glocken zu läuten, von Engelhand bewegt, wird doch die alte Amme von schwerem Übel geheilt, indem sie die Hände der Jungfrau berührt, erhält doch ein blinder Knabe, der gläubig die Augen an ihre Fußspitzen legt, die Sehkraft wieder. Ein feierlich bewegter Kreis von Zuschauern hat sich um die Bahre versammelt. Der Bischof, welcher die Totengebete liest, die Diakonen, welche ihn begleiten (Abb. 3), die Priesterknaben mit Kirchenfahne und Kerzen veranschaulichen treulich das Kirchenkollegium der Collegiata, wie es Ghirlandajo vorfand, und mit ihnen

Abb. 4. Detail aus dem Begräbnis der heiligen Fina.
(Nach einer Photographie von Gebr. Alinari, Florenz.)

Abb. 5. Der heilige Hieronymus. Florenz, Ognissanti.
(Nach einer Photographie von Gebr. Alinari, Florenz.)

haben sich die vornehmsten Bürger der Stadt eingefunden, der Heiligen die letzten Ehren zu erweisen (Abb. 4). Welch köstliches Bild seiner Zeit, welch unübertreffliche Charakteristik der Menschen, mit denen er lebte und umging, entfaltet hier der Maler vor unseren Augen, der selber links hinter der Geistlichkeit in schwarzem Barett zwischen seinen Gehilfen erscheint! Zwar fehlt diesem tüchtigen Menschenschlag noch die feinfühlige Durchbildung individueller Charakterzüge, der lebendige Ausdruck einer momentanen Stimmung, aber wenn wir sehen, wie ernst es dem Künstler mit der Aufgabe des Porträtierens gewesen ist, wie prächtig es ihm gelingt, eine Fülle von Persönlichkeiten frei und anmutig zu gruppieren, so begreifen wir schon jetzt, warum alle Welt an Ghirlandajos Kunst Gefallen fand, warum sich in seinen späteren Fresken so treu das bürgerliche Leben von Florenz im Quattrocento wiederspiegeln mußte.

Durch einen Eintrag Platinas, in das Ausgabenregister vom 28. November 1475, ist Ghirlandajos Aufenthalt in Rom und seine und seines Bruders Teilnahme an dem Freskenschmuck der Bibliothek bezeugt, welche Papst Sixtus gegründet und aufs glänzendste ausgestattet hatte. Aber die arg zerstörten ziemlich handwerksmäßig aus-

Abb. 6. Das letzte Abendmahl. Florenz. Refektorium von Ognissanti.
(Nach einer Photographie von Gebr. Alinari, Florenz.)

geführten Brustbilder von Propheten und
Philosophen, welche heute noch in der als
Magazin benutzten Bibliothek Sixtus' IV.
die Hochwände zieren, haben so wenig mit
Ghirlandajo und seiner Schule gemein, so
daß man die Früchte seines ersten Aufent-
haltes in Rom als verloren gegangen be-
klagen muß. Überdies hat er sich nicht
lange dort aufgehalten, denn sein Name
kehrt in den Rechnungsbüchern nicht wieder;

und die Madonna mit den Heiligen, Sebastian und Maurus, sind vielleicht die
frühesten noch erhaltenen Freskomalereien
Ghirlandajos, werden aber leider durch kein
Dokument als seine Arbeiten bezeugt: sie
tragen einen weit persönlicheren Charakter
wie das arg übermalte handwerksmäßig
durchgeführte Abendmahl von Passignano,
in dessen Entstehungsgeschichte Vasari eine
Episode eingeflochten hat, die als Zeugnis

Abb. 7. Das letzte Abendmahl. Florenz. San Marco.
(Nach einer Photographie von Gebr. Alinari, Florenz.)

er scheint dem Bruder David die weitere
Ausführung der Arbeit überlassen zu haben,
der bis zum 4. Mai 1476 im ganzen
60 Gulden für geleistete Dienste empfing.

In San Donnino in Brozzi bei Florenz, in der Badia von Passignano im
Pesathal, haben sich noch heute Spuren der
Thätigkeit Ghirlandajos erhalten, während
die im Jahre 1479 in der Badia von
Settimo begonnenen Fresken und Tafelbilder zum Teil ganz zerstört sind, zum
Teil nicht mehr mit Sicherheit identifiziert
werden können. Die ganz von Verrocchio
beeinflußte Taufe Christi in San Donnino

für das hohe Ansehen, welches Domenico
schon in jüngeren Jahren genoß, unsere
Aufmerksamkeit verdient. — Als der Meister
einmal die Badia besuchte, den Arbeiten
seiner Schüler nachzuhelfen, kam es zu
einem heftigen Auftritt zwischen David Ghirlandajo und den Mönchen, welche die Maler
schlecht verpflegten. Vielfache Klagen hatten
nichts gefruchtet: als aber auch in An-
wesenheit Domenicos der dienende Mönch
dieselben mageren Gerichte auftrug, er-
grimmte der Künstlerstolz des beleidigten
Bruders, und indem er die Schüsseln zer-
brach und die Suppe über den unglück-

(Abb. 8. Papst Viktor. Rom. Sixtinische Kapelle.
Nach einer Photographie von Anderson, Rom.)

lichen Mutzenträger verschüttete, schrie er dem herbeigeeilten Abt zu, sich zu packen, und erklärte, die Tüchtigkeit Domenicos sei mehr wert als alle schmutzigen Äbte zusammen, die das Kloster je besessen.

Der glückliche Umstand, daß Ghirlandajo fast alle seine vielen Fresken und seine wenigen Tafelbilder mit der Jahreszahl versehen hat, läßt uns sein Werden und Wachsen mit Sicherheit verfolgen.

Im Jahre 1480 malte er in edlem Wettstreit mit Botticellis heiligem Augustin den heiligen Hieronymus in der Franziskanerkirche von Ognissanti zu Florenz, eine Leistung, welche für seine Denkweise und Veranlagung außerordentlich charakteristisch ist. Der phlegmatische Hieronymus Ghirlandajos ist aus anderem Stoff geformt als Botticellis tief erregter Augustin. Er hat bei der ernsten Beschäftigung eines Gelehrten keine der kleinen Annehmlichkeiten des Daseins zum Opfer gebracht und in ihre Schilderung hat sich der Künstler mit besonderer Hingebung versenkt. Wie traulich winkt (Abb. 5) das enge Arbeitsstübchen mit all den Büchern und Folianten, dem bunten Durcheinander aller nur denkbaren Schreibutensilien auf dem mit türkischem Teppich gezierten Tisch. Schachteln, Büchsen und Gläser haben auf dem Wandbrett Platz gefunden, von welchem goldene Früchte herableuchten, wo aber auch zwischen all den lustigen Dingen die Sanduhr, das Gebetbuch und der ehrfurchterweckende Kardinalshut sichtbar wird. In solche behagliche Umgebung paßt Ghirlandajos würdiger Graubart aufs beste, den überdies die dunkelrote Prälatentracht vortrefflich kleidet. Hieronymus stützt das Haupt auf die Linke, während die Rechte schreibt, und schaut nach-

Abb. 9. Papst Iginus. Rom. Sixtinische Kapelle.
(Nach einer Photographie von Anderson, Rom.)

dentlich aus dem Bilde heraus. Die geistige Arbeit wird ihm sauer, das verraten die leichten Falten auf der Stirn und der Strom der Gedanken scheint nicht gerade reichlich zu fließen. Gewiß, das weite Feld, das mäßige Anlagen und rastloser Fleiß bearbeiten kann, hat diesem Greise schon die reichsten Früchte getragen, aber das Reich der Geister hat er nie betreten, die Grenzen menschlicher Beschränkung niemals überschritten, weil er sie noch niemals schmerzlich empfand.

Gleichzeitig entstand das letzte Abendmahl im Refektorium von Ognisanti, das mit Recht als die vollendetste bildliche Darstellung gepriesen wird, welche dies dramatische Thema vor Leonardo gefunden hat (Abb. 6). Wer heute in den dämmernden Raum des hoch gewölbten Refektoriums eintritt, fühlt sich mächtig ergriffen durch den Anblick des mittels eines modernen Fensters allein aufs hellste beleuchteten Abendmahls, welches die ganze Schmalwand des Saales einnimmt und aufs trefflichste in den architektonischen Rahmen eingefügt ist. Die Handlung geht in weiter luftiger Halle vor sich, die zwischen den hohen Bogen der Wölbung den Blick in einen nahen Garten offen läßt. Cypressen und Palmen, Orangen- und Citronenbäume schauen über die Rücklehne der Bank herein, auf der sich Christus mit den Seinen niedergelassen hat. Eben ist das verhängnisvolle Wort gesprochen: „Einer unter euch wird mich verraten," das bei Leonardo wie ein Blitz die Jünger getroffen hat, die sich mit tausend Fragen, Zweifeln, Beteuerungen an den Meister wenden, der wohl wissend, daß die Herde ihren Hirten in der letzten großen Not verlassen wird, ruhig und resigniert das Haupt gesenkt hat und verstummt ist. Ghirlandajo hat weder in der Gruppierung der Jünger, noch in der packenden Schilderung des einen Gedankens, der von Christus klagend ausgeht und fragend zu ihm wiederkehrt, das Abendmahl von S. Maria delle Grazie erreicht, aber in der Durchbildung der kraftvollen Charaktere, in der Schilderung des persönlichen Eindruckes, den die Worte Christi auf jeden einzelnen der Jünger gemacht, hat er das Höchste angestrebt, und es bedurfte nur noch des Funkens eines Genius, um das schlummernde Feuer zu einer mächtigen Flamme zu entfachen. Mancherlei Anklänge an ältere Meister und Zeitgenossen entdecken wir im einzelnen; als Gesamtleistung hält Ghirlandajos Werk zwischen Andrea del Castagnos herb realistischer Darstellung in San Apollonia in Florenz und Cosimo Rossellis noch ganz im Geist der andachtsvollen Tradition befangenen Abendmahls in der Sixtinischen Kapelle die glückliche Mitte. Die beiden Jünger, rechts von Judas, erinnern in der That an Typen Cosimo Rossellis, wie der dritte Jünger, von links, an die edlen Apostelgestalten Leonardos; der Einfluß von Castagnos Abendmahl in San Apollonia aber gibt sich am deutlichsten kund in dem Apostel, der verzweifelnd das Haupt auf die Rechte stützt, und dem langbärtigen Andreas, der bei Ghirlandajo neben dem Bruder Petrus, bei Castagno neben dem völlig zusammengesunkenen Johannes erscheint.

Nur eine köstliche Episode, in welcher das unablässige Ringen, die Stimmung des Augenblickes zu erfassen, dem Körper die Seele zu entreißen, eine herrliche That geworden ist, hat Ghirlandajo ganz neu erfunden. Zwischen dem halbzerstörten Christus, der in passiver Haltung nur die Rechte noch lehrend erhoben, träumerisch aus dem Bilde herausblickt, und dem jugendlich schönen Johannes, der, von Schmerz überwältigt, die Augen geschlossen und das Haupt an Jesu Brust gelehnt hat, entspinnt sich ein Zwiegespräch des Petrus mit Judas, der allein auf der anderen Seite der Tafel Platz genommen hat. „Elender, du willst es wagen, unseren Herrn zu verraten?" scheint der grimmige Petrus den Verräter zu fragen, indem er mit dem Daumen der Linken auf den Heiland weist und mit der Rechten krampfhaft den Griff des erhobenen Tischmessers umklammert hat. Der schwarzbärtige Judas begegnet dem furchtbaren Blick des greisen Cholerikers mit frecher Stirn und herausfordernder Haltung. In der Erregung des Augenblickes hat er seinen Schemel vom Tische abgerückt und den linken Arm auf den Oberschenkel gestützt, wendet er sich ganz dem Widersacher zu, dessen tödlichem Verdacht er, wie der weit geöffnete Mund erkennen läßt, mit schmähender Rede begegnet!

Vasari erwähnt noch ein zweites Abendmahl Ghirlandajos (Abb. 7) in der Forestiera von San Marco, das, einige Jahre später entstanden wie das Fresko in Ognisanti, bis heute seinen Platz unter den Werken des Meisters behauptet hat. Die Anordnung im allgemeinen und die Einfügung in den architektonischen Rahmen, ist hier und dort dieselbe, und das Abendmahl von San Marco besticht überdies durch die gute Erhaltung, die Sauberkeit der Ausführung und den verschwenderischen Goldauftrag, der sich sonst in Ghirlandajos Werken nicht findet. Galt es vielleicht durch äußeren Schein innere Schwächen zu verdecken? Preist nicht Vasari selbst den Schüler Baldovinettis mit lauten Worten, weil er zuerst die goldenen Stuckornamente in seiner Kunst verschmähte, und ist nicht Ghirlandajo solchem Grundsatz selbst in der Sixtinischen Kapelle treu geblieben, wo doch auch Meister, wie Signorelli und Botticelli, durch reiche Goldfarben ihren Werken ein glänzenderes Ansehen verliehen? Wer einen Vergleich mit dem Abendmahl von Ognisanti nicht scheut, der wird erkennen, wie in San Marco alle großen Züge an Kraft verloren haben, wie die schwächlichen Gestalten der Apostel wieder sorgfältig in gleichen Abständen nebeneinander angeordnet sind, wie selbst in den Räumen des Gartens die perspektivische Kunst verloren ging und wie dagegen auf Einzelheiten, wie die Ornamentierung der Wände, die Ausstattung der Tafel, größere Sorgfalt verwandt wurde. Gewiß, wer in der Entwickelung Domenicos ein stetiges Wachsen zugeben will, das sich in seinen letzten großen Freskencyklen so deutlich kundgibt, wird das Abendmahl von San Marco aus der Reihe seiner Werke streichen und ihm in der Lebensgeschichte Ghirlandajos nur deshalb einen Platz einräumen,

Abb. 10. Die Berufung der ersten Jünger. Rom, Sixtinische Kapelle.
(Nach einer Photographie von Anderson, Rom.)

Abb. 11. Detail aus der Berufung der ersten Jünger.

weil es lehrt, wieviel größer der Meister war, als seine Schüler.

Am 27. Oktober im Jahre 1481 begegnet uns Domenico Ghirlandajo zum zweitenmal in Rom: mit seinen Landsleuten Sandro Botticelli und Cosimo Rosselli, mit dem Umbrier Pietro Perugino verpflichtete er sich, zehn Darstellungen aus dem Alten und Neuen Testament bis zum 15. März des Jahres 1482 in der päpstlichen Palastkapelle zu malen, deren Vollendung der greise Sixtus mit größter Ungeduld erwartete. Zwei dieser Schilderungen fielen Ghirlandajo zu: die Berufung der ersten Jünger und die Auferstehung Christi, und daneben hat er wie Botticelli an den Hochwänden zwischen den Fenstern einige prächtige Papstmärtyrer gemalt.

Schon Vasari berichtet, daß er den größten Teil der Auferstehung Christi an der Eingangswand der Kapelle infolge des Einsturzes eines Architravs zerstört sah, und im XVII. Jahrhundert wurde das Fresko im Stil des höchsten Verfalls von dem mythischen Arrigo Fiammingo völlig neu gemalt. So bleibt als Gesamtkomposition nur die Berufung der ersten Jünger übrig, ein unschätzbares Denkmal des mächtigen Aufschwungs, den auch Ghirlandajos Ideen in Rom genommen haben; als Einzelgestalten verdienen die Päpste weit mehr Beachtung, wie ihnen gewöhnlich zu teil wird. Es können Domenico und seiner Schule wenigstens sechs von diesen päpstlichen Märtyrern mit Bestimmtheit zugeschrieben werden: Pius, Viktor (Abb. 8), Iginus (Abb. 9), Anaklet, Telmata und Felix, kraftvolle Idealgestalten, die mit bewundernswürdiger Mannigfaltigkeit in Ausdruck und Bewegung erfunden worden sind. Selbst einer so köstlichen Einzelfigur wie dem heiligen Hieronymus in Ognisanti gegenübergestellt, verlieren Päpste wie Pius, Viktor und Iginus nichts von ihrer eigenartigen Bedeutung, ja es verrät sich in der ernsten Würde, der selbstbewußten Kraft ihrer Erscheinung eine Feinheit und Sicherheit der Charakterzeichnung, wie sie Ghirlandajo in Ognisanti wohl angestrebt, aber noch nicht erreicht hatte.

Auf die Frage, wo sich Ghirlandajos seltene Fähigkeit, groß zu denken und klar zu disponieren, am deutlichsten offenbart, wo sich die edelsten Idealtypen und die tüchtigsten Porträts in einer monumentalen Schöpfung am wirkungsvollsten vereinigen, mag man getrost die Antwort geben: in der Sixtinischen Kapelle. Zwar blieb dem Künstler auch noch in seinen späteren Fresken ein außerordentliches Kompositionstalent treu, seine technische Fertigkeit wurde immer größer, und erst in Santa Maria Novella offenbarte er sich als der größte Porträtmaler seiner Zeit. Aber die Kraft, welche der Meister bei umfangreichen Bildercyklen in der Gestaltung immer neuer Stoffe, in der Anleitung seiner zahlreichen Schüler zersplittern mußte, scheint er in der Sistina auf ein einziges Bild gewandt zu haben. Wie Perugino in der Schlüsselübergabe sich selber übertraf, wie Botticelli in der Bestrafung der Rotte Korah verborgene Weisheit der Theologen in unvergleichlich anmutige künstlerische Formen kleidete, so hat auch Ghirlandajo an einer Aufgabe, die in sich selber schon eine Auszeichnung begriff, seine höchste Kraft erprobt. Galt es doch, St. Petrus in die Geschichte des neuen Bundes einzuführen, den bedeutungsvollen Akt zu schildern, wie der arme Fischer, nach welchem sich die Päpste mit stolzer Demut „Petri Nachfolger" nannten, als erstgeborener Sohn der Kirche ein Jünger Jesu wurde.

In ähnlicher Weise wie Pintoricchio in der Taufe Christi hat auch Ghirlandajo Abb. 10) eine Verteilung des gegebenen Stoffes angestrebt, welche ihm den ganzen Vordergrund für eine einzige bedeutsame Handlung freiließ. Die Darstellung der Be

Abb. 10. Die Jünger Petrus und Andreas.
(Nach einer Photographie von Anderson, Rom.)

Abb. 13. Porträts der Florentiner Kolonie in Rom unter ihnen Argyropulos und Giovanni Tornabuoni. (Nach einer Photographie von Anderson, Rom.)

rufung schließt sich treulich an den Bericht Matthäus 4, 18—22 an, nur verwandelte der Künstler das Gestade des Galiläischen Meeres in eine lachende Flußlandschaft, die ihm Gelegenheit bot, seine Kunst in der Perspektive zu entwickeln. Links im Mittelgrunde erscheint Christus, mit der erhobenen Rechten Petrus und Andreas auffordernd, ihm nachzufolgen; im Vordergrunde, die ganze Breite der Bildfläche einnehmend, geht der feierliche Akt der Berufung vor sich und endlich im Mittelgrunde rechts erscheint Christus zum drittenmale, von Petrus und Andreas gefolgt, wie er Jakobus und Johannes, die Söhne Zebedäi, zu sich ruft, die eben in einem Fischerboot am Ufer angelangt sind. Beide Darstellungen im Mittelgrunde, von Schülerhänden in kleinen Verhältnissen ausgeführt, verschwinden völlig vor der großartigen Schilderung der Berufung im Vordergrunde, die Ghirlandajo in allen Hauptsachen ganz eigenhändig gemalt hat.

Das Kompositionsschema ist das gleiche wie das der meisten Fresken des Künstlers: den Vorgang in der Mitte schließt rechts und links ein Kreis von Zuschauern ein, fast alle Porträtgestalten, die so ihr Andenken bei der Nachwelt zu erhalten wünschten. Aber während selbst noch in Santa Maria Novella gerade in den vollendetsten Gemälden durch das lebendige Interesse, welches die vornehmsten Zeitgenossen Ghirlandajos in uns wecken, die Aufmerksamkeit zu sehr vom Hauptvorgang abgezogen wird, werden wir in der Sistina zunächst völlig durch die dominierenden Erscheinungen Christi und seiner Jünger gefesselt (Abb. 11). Ist ihnen doch die ganze Mitte des Bildes zu freier Bewegung eingeräumt, überragen sie doch selbst an Größe und Breite die ehrerbietsvollen Zuschauer, welche sich vor allem Christus gegenüber in dichtgedrängten Reihen aufgestellt haben. Links hinter dem Herrn sind es Idealgestalten der Hebräer, die ihm folgen, rechts Porträtgestalten, die ihm zuschauen; links entrichtete der Künstler der historischen Treue seinen Tribut, rechts ent sprach er dem Wunsche mächtiger Gönner, aber auf die Begebenheit in der Mitte hat er augenscheinlich seine höchste Kraft verwandt.

Die majestätische Erscheinung Christi, in welcher sich deutlich das Studium Masaccios in der Brancacciakapelle kundgibt, übertrifft alle Christustypen in der Sixtinischen Kapelle. Kraftvoll und edel in der äußeren Erscheinung, milde und hoheitsvoll im Ausdruck, hat er die leuchtenden braunen Augen auf die knieenden Greise geteilt, und das inhaltsschwere Wort der Berufung: „Folget mir nach!" begleitet er mit ausdrucksvoller Gebärde der erhobenen Rechten. Petrus in der traditionellen Tracht des blauen Unterkleides mit dem gelben Mantel ist ganz von freudiger Hingabe erfüllt und blickt strahlenden Auges zum Herrn empor, Andreas weniger stürmisch wie sein Bruder kniet ein wenig zurück, mit gefalteten Händen andächtig und demutsvoll den Ruf empfangend, und endlich nimmt ein dritter Greis unmittelbar an diesem Vorgang teil, jene großartige Gestalt mit lang herabwallendem Bart und Haar, welche gleich hinter Christus erscheint (Abb. 12).

Die Vorliebe, welche man in Florenz für Ghirlandajo als Porträtmaler hegte, gibt sich auch in der Sixtinischen Kapelle kund. Scheint doch der Künstler hier die ganze Florentiner Kolonie in Rom porträtiert zu haben (Abb. 13). Zum Glück lassen sich wenigstens zwei Bildnisse mit Namen belegen, die uns berechtigen, Männer von ähnlicher Bedeutung und gleichem Ansehen auch unter den übrigen Porträtgestalten zu vermuten. Der dritte bartlose Kopf mit dem Ausdruck eines stark entwickelten Willens um die schmalen Lippen ist niemand anders als Giovanni Tornabuoni, der reiche Onkel des Lorenzo Magnifico und Schatzmeister Sixtus' IV., an dessen Hof er den größten Teil des Jahres verbrachte, obwohl er auch in Florenz einen prächtigen Palast besaß. Es ist derselbe Tornabuoni, in dessen Auftrag Ghirlandajo wenige Jahre später den Chor von Santa Maria Novella ausgemalt hat, und eben der Vergleich mit der knieenden Gestalt des Stifters dort läßt uns das Porträt in der Sixtina identifizieren. Der Knabe, welcher vor ihm steht, in enganliegenden Beinkleidern und grünem Sammetwams ist zweifelsohne Giovannis Erstgeborener Lorenzo, der uns in Santa Maria Novella gleichfalls noch einmal begegnen wird, den ja auch Botticelli in der Villa Lemmi als achtzehnjährigen Bräutigam geschildert hat. Noch größeres Interesse erweckt die Erscheinung des graubärtigen Argyropulos rechts neben Giovanni Tornabuoni, des berühmten griechischen Philologen, den Lorenzo de' Medici mit Ehren überschüttet, den Sixtus IV. endlich an seinen Hof berufen hatte, wo er alle Welt für das Studium der griechischen Sprache begeisterte, wo sein Sohn Isaal die Priesterweihen empfing und bei der Messe das Evangelium im griechischen Urtext zu lesen hatte.

Andere Porträts lassen sich wenigstens vermutungsweise bestimmen. Wenn die Ähnlichkeit mit der liegenden Grabstatue in Santa Maria sopra Minerva nicht täuscht, so stellt auch das edle Porträt eines Greises, welches an bevorzugter Stelle zwischen Christus und seinem Begleiter erscheint, einen Florentiner dar. Es ist Neroni Diotisalvi, das Haupt einer Verschwörung gegen Piero de' Medici, den Vater Lorenzos, der im Jahre 1482 in der Verbannung in Rom in höchstem Alter starb und in der griechischen — wohl von Argyropulos verfaßten — Grabschrift dem Gedanken Ausdruck gibt, daß wohl im Leben das Vaterland dem Menschen teurer ist als jedes andere Land, daß aber im Tode die Erde uns überall dasselbe Grab gewährt. Endlich durften Rainaldo Orsini, der Erzbischof von Florenz, welcher sich um seine Diözese wenig kümmerte und in Rom lebte und starb, Guid' Antonio Vespucci, der tüchtige Gesandte, welcher die Interessen der Arnostadt am päpstlichen Hof oft in verzweifelten Lagen vertreten mußte, in der Florentiner Kolonie nicht fehlen. Wahrscheinlich dürfen wir den ersten in dem geistlichen Herrn in violetter Atlasrobe neben Argyropulos, den zweiten in dem vornehm blickenden, bartlosen Manne erkennen, der in roter Kappe und rotem Mantel dem Beschauer halb den Rücken wendend, in ganzer Figur rechts in der Ecke sichtbar wird.*)

In jener rastlosen Thätigkeit, die über-

---

* Technisch unterscheidet sich Ghirlandajos Art zu arbeiten in zwei Punkten von seinen Mitarbeitern in der Sixtinischen Kapelle. Er verschmäht den Goldauftrag selbst für seine Heiligenscheine, und er malt, wie man deutlich an den Umrißlinien,

haupt sein ganzes Leben charakterisiert, hat Ghirlandajo auch seine römischen Tage verbracht. Angeregt durch die reichen wunderbaren Eindrücke, immer begierig, Neues zu lernen, fand er bei aller Arbeit im Vatikan noch Zeit, sich in das Studium der Altertümer Roms zu versenken. Mit unermüdlichem Fleiß und merkwürdig entwickeltem Gefühl für alles, was Natur und Kunst schön und erfreulich gestaltet haben, zeichnete er Brücken, Thermen, Amphitheater, Säulen, Kapitäle, ja selbst das ganze Kolosseum ohne jedes Handwerkszeug in den richtigsten Verhältnissen, und mit wohlgefülltem Skizzenbuch, gereift durch mancherlei Erfahrungen, kehrte er schon im Jahre 1482 in die Heimat zurück, wo neue ehrenvolle Aufträge seiner harrten.

II.

Mit fürstlicher Freigebigkeit scheint Papst Sixtus IV alle Künstler belohnt zu haben, welche durch ihre Malereien in seiner Palastkapelle sich selbst und den Namen des Papstes unsterblich gemacht hatten. Auch Ghirlandajo, welcher noch in einer Vermögensangabe seines Vaters Tommaso im Jahre 1480 als „ohne festen Wohnsitz"

Abb. 14. Verkündigung. San Gimignano. Kollegiatkirche.
(Nach einer Photographie von Gebr. Alinari, Florenz.)

welche die nassen Freskostücke zurückließen, verfolgen kann, jede Hauptfigur für sich, während seine Landsleute die Wandfläche in horizontalen Schichten ausmalten, z. B. alle Köpfe auf einmal fertig stellten, Gewandstücke, Hände und Füße später hinzufügten und häufig durch Gehilfen ausführen ließen.

Die Porträtdarstellungen der Florentiner waren bis heute unbekannt. Von Argyropulos sind mir noch zwei Porträts bekannt geworden: das eine in feinster Miniaturmalerei ausgeführt in einem Kommentar des Aristoteles der Laurenziana zu Florenz, das andere in Paolo Giovios Lebensbeschreibungen berühmter Männer.

eingetragen ist, wurde durch die in Rom gemachten Ersparnisse in den Stand gesetzt, sich eine eigene Häuslichkeit zu gründen. Er heiratete, wahrscheinlich schon im Beginn des Sommers 1482, Costanza di Bartolomeo Nucci, welche ihm am 4. Februar 1483 einen Sohn Ridolfo gebar, der unter den neun Kindern des Meisters den berühmtesten Namen erwarb. Aber die Sorgen

Fast alles, was die größten Künstler von Florenz im Quattrocento bis auf Leonardo und Michelangelo für den Schmuck des Herrensitzes der regierenden Geschlechter entworfen und ausgeführt haben, ist heute unwiederbringlich verloren. Nur Ghirlandajos Malereien in dem gewaltigen Ratsaal des obersten Stockwerks, der noch heute jeden Fremdling durch die märchenhafte

Abb. 15. Losfagung des heiligen Franz von seinem Vater. Florenz, Cappella Sassetti.
(Nach einer Photographie von Giacomo Brogi, Florenz.)

und Freuden eines reichen Familienlebens haben die Thätigkeit Ghirlandajos als Künstler keinen Augenblick gehemmt. Noch im Jahre 1482 finden wir ihn aufs neue in San Gimignano, wo er im Oratorium von San Giovanni eine Verkündigung entwirft, die wahrscheinlich Bastiano Mainardi in Farben ausgeführt hat (Abb. 14). Am 5. Oktober desselben Jahres wird ihm von der Signoria von Florenz der Auftrag, eine der Wände in der „Sala dell' orologio" im Palazzo Vecchio, die nach einem berühmten Uhrwerk des Lorenzo della Volpaia ihren Namen trug, mit Gemälden zu schmücken.

Pracht seiner Ausstattung in Staunen und Bewunderung versetzt, haben sich, wenn auch nicht ganz unversehrt, erhalten. Die halberloschene Farbenpracht dieser Fresken, der prächtige Löwenfries an der Decke, der kunstvoll gearbeitete Plafond, von dem die goldenen Lilien auf dunkelblauem Grunde, wie ein klarer Sternenhimmel leuchtend herniederschauen — alles das vereinigt sich zu einem unvergleichlich stimmungsvollen Ganzen, das selbst in Florenz nicht mehr seinesgleichen findet.

In seiner Gesamtwirkung, als großartig gelungene Dekoration einer ungeheuren

Wandfläche muß auch Ghirlandajos Fresko
betrachtet werden. Er hat, die eifrigen
architektonischen Studien nach der Antike
in Rom aufs glücklichste verwertend, die
Wand durch drei mächtige Arkadenbögen
gegliedert, in deren mittelstem Zenobius,
der erste Bischof von Florenz, unter kni
tiger Loggia thront. Der weit überlebens
große Heilige, in reicher priesterlicher Tracht
und Camillus, Decius, Scipio und Cicero
in Harnisch und Toga an diese Wände
malte oder doch wenigstens entwarf, denn
die Ausführung im einzelnen scheint sich
auch diesmal wieder der viel beschäftigte
Meister mit jüngeren Genossen geteilt zu
haben.

Ein neuer monumentaler Auftrag wurde
Ghirlandajo zu teil, ehe er noch die Ar-

Abb. 16. Bestätigung des Franziskanerordens durch Honorius III. Florenz, Cappella Sassetti
(Nach einer Photographie von Giacomo Brogi, Florenz.)

hat die Rechte segnend erhoben; zwei Dia
konen wenden sich fürbittend zu ihm, zwei
grimmige Löwen halten zu beiden Seiten
des Thrones die flatternden Fahnen von
Florenz empor. Unter den Arkadenbögen
rechts und links zu hoch angebracht, um
im einzelnen gewürdigt werden zu können,
sind ebenso wie im Cambio von Perugia
antike Muster aller Tugenden geschildert.
Ghirlandajo mochte sich der versunkenen
Größe antiken Lebens und antiker Kunst
erinnern, der er in Rom so eifrig nach
gegangen war, als er Brutus, Scävola
beiten im Palazzo Vecchio vollendet hatte.
Francesco Sassetti, ein reicher Florentiner
von altem Adel, fühlte wie so viele seiner
Zeitgenossen das Bedürfnis, durch eine
großartige Kunstschöpfung sich selbst und
seinem Geschlecht ein dauerndes Denkmal
zu setzen, und beauftragte den Künstler,
dessen Ruhmesstern unaufhaltsam empor
stieg, die Familienkapelle der Sassetti, wo
Francesco selbst mit seiner Gemahlin
begraben sein wollte, mit Fresken aus dem
Leben seines Namensheiligen zu schmücken.
Diese Kapelle, die äußerste rechts im Chor

Abb. 17. Die Feuerprobe des heiligen Franz vor dem Sultan. Florenz. Cappella Sassetti.
(Nach einer Photographie von Giacomo Brogi, Florenz.)

der ehrwürdigen Benediktinerkirche von Santa Trinita, hat Ghirlandajos Hand zu einem köstlichen Heiligtum der Kunst gemacht, das sich den Kapellen Peruzzi und Bardi in Santa Croce, der Cappella Brancacci im Carmine würdig an die Seite stellt. Hoch über dem gotischen Arkadenbogen prangt außen das Wappen des Geschlechtes, ein blauer Streif quer über ein weißes Feld gezogen, von einem reichen Fruchtkranz aus Terrakotta umrahmt. Darüber schilderte Ghirlandajo in schwindelnder Höhe die alte Sage, wie Octavianus Augustus durch eine himmlische Erscheinung, welche ihm die Tiburtinische Sibylle erklärt, verhindert wird, sich von den Römern als Gott verehren zu lassen. Der Vorgang spielte sich nach der Tradition auf dem kapitolinischen Hügel dort ab, wo heute sich die Kirche Aracoeli erhebt. Links erscheint Octavian, von Virgil gefolgt und seinen Kriegern, und blickt, die Hand schützend über die Augen erhoben, auf die Erscheinung am Himmel — das Monogramm Christi in einer Strahlenglorie — welche die Sibylle, den begeisterten Blick nach oben gerichtet, mit erhobener Rechten erklärt. Der Kaiser mit dem Lorbeerkranz auf dem Haupte, in faltenreichem Purpurmantel, die weissagende Sibylle und ihre Frauen, zu deren Füßen sich im Tiberthal die Stadt der sieben Hügel ausbreitet, sind mächtig beseelte Erscheinungen von großer Kraft und Würde, aber die Tünche, unter welcher dies Fresko jahrhundertelang begraben lag, hat die Farben und Formen im einzelnen fast völlig zerstört.

Vier wohlerhaltene Sibyllen auf blauem Grunde mit flatternden Spruchbändern schmücken auch im Innern die vier Felder des Kreuzgewölbes; ob Domenico sie selbst in Farben ausgeführt, ob seine Brüder David und Benedetto, sein Schwager Bastiano Mainardi mit Hand angelegt, läßt sich bei der Höhe der Fresken und ihrer ungenügenden Beleuchtung schwer ent-

scheiden. Jedenfalls gibt sich eine starke
Teilnahme von Gehilfen auch in den Wand-
gemälden, ja selbst in der Altartafel kund,
welche heute die Akademie bewahrt. Das
Gesamtbild dieser Kapelle muß einst unendlich anheimelnd gewesen sein; noch heute,
wo die Hand der Zeit so viel von ihrer ursprünglichen Schönheit zerstört hat, entzücken die schönen Verhältnisse — das ewige
Geheimnis der Renaissance überhaupt — die
Harmonie, mit welcher Architektur, Malerei
und Plastik zusammenwirken, und die ge-
fällige Gliederung der dreigeteilten Wand-
flächen. Die drei Lünetten oben und die
mittleren Flächen sind mit Gemälden geschmückt, unten wurden rechts und links
in reich verzierte Mauernischen die schwarzen Marmorsarkophage des Stifters und
seiner Gattin eingelassen, die in der Mitte
zu beiden Seiten vom Altarbild in an-
betender Haltung knieend. Wie freundlich die
Kunst in solchen Geschlechtskapellen die Weh-
mut des Todes verklärt, wie tröstend sich
die Bilder frommen Väterglaubens über
den Särgen erheben, die einer nach dem
anderen hier in die Gruft gesenkt wurden,
bis der Stamm erloschen war!

Für die Schilderungen aus dem Leben
des heiligen Franciscus hatte Giotto ein
für allemal in seinen unsterblichen Fresken
von Assisi und Florenz den Prototypus
geschaffen, der weit über seine direkte
Schule hinaus maßgebend geblieben ist.
Auch Benedetto da Majano lehnte sich in
den reizenden Kanzelreliefs von Santa
Croce eng an die Fresken Giottos in
der Bardikapelle an, und selbst noch
Ghirlandajo ist, als ihm in der Cappella
Sassetti ein Leben des heiligen Franz als
Aufgabe gestellt war, bei seinem größten
Ahnen in der Freskomalerei willig in die
Schule gegangen. Er hat sich nicht nur
in der Auswahl des Gegenständlichen von
Giottos unnachahmlichen Darstellungen in
Santa Croce leiten lassen, auch in den
Kompositionsmotiven im ganzen, wie im
einzelnen überrascht uns Ghirlandajo oft
durch das freimütige Zugeständnis, daß er

den Stoff nicht klarer zu gliedern. Bewegung und Ausdruck nicht naturwahrer wiederzugeben wußte, als Giotto es gethan.

Vier aus den sechs Scenen aus dem Leben des heiligen Franciscus in der Cappella Sassetti haben in der Bardikapelle ihr Vorbild gefunden: Francescos Absage vom Vater, die Bestätigung seines Ordens durch Honorius III., die Feuerprobe vor dem

Es ist ein lohnender Versuch, gerade in der Scene der Lossagung des heiligen Franciscus (Abb. 15) von seinem Vater Giotto und Ghirlandajo einander gegenüberzustellen. Alle technischen Fortschritte, welche die Kunst in mehr als hundertundfünfzig Jahren errungen hatte, offenbart Ghirlandajos nur zu sehr zerstörtes Bild: die plastische Modellierung der Gestalten, die natürliche

Abb. 19. Erweckung des Kindes aus dem Hause der Spini. Florenz. Cappella Sassetti.
(Nach einer Photographie von Giacomo Brogi, Florenz.)

Sultan und endlich die feierlichen Exequien. Die Stigmatisation des Heiligen auf dem Monte Alverno, welche in Stein und Farben so unendlich oft verherrlicht wurde, verrät gleichfalls engen Anschluß an die Tradition, und nur die Auferweckung eines Kindes aus dem Geschlecht der Spini, die ihren hervorragenden Platz über dem Altar gewiß einem ähnlichen Vorgang im Hause Sassetti verdankt, hat Ghirlandajo selbständig erfunden und behandelt, denn Giottos Fresko in der Unterkirche von Assisi dürfte ihm schwerlich bekannt geworden sein.

Faltengebung, das Verständnis der Perspektive und den kräftigen Realismus in der Durchbildung individueller Persönlichkeiten. Der heilige Franciscus kniet nackt vor dem Bischof, der mitleidig den Mantel um seine Schulter geschlagen hat, während der zürnende Vater über dem linken Arm die Gewänder des Sohnes tragend, in der Rechten eine Geißel führt, den ungeratenen Knaben zu züchtigen. Ein Freund sucht ziemlich erfolglos den erregten Alten, welcher in ohnmächtigem Grimm auf Franciscus herniederschaut, zu besänftigen, während eine ganze Schar von Porträtgestalten dem Vorgang mit ruhiger Würde zuschaut. Giottos Darstellung entbehrt alle die technischen Vorzüge, deren Ghirlandajo sich rühmt, und ist von der realen Wirklichkeit unendlich weit entfernt, aber wieviel dramatischer ist hier der große Kampf zwischen Weltsinn und Weltentsagung, zwischen Vater und Sohn geschildert, wieviel erregter über dem Altar wird bei Ghirlandajo, der sich diesmal von Giottos Vorbild unabhängiger gemacht hat, zu einem prächtigen Ceremonienbild (Abb. 16). Persönliche Erinnerungen kamen dem Künstler zu Hilfe, als er die würdigen Kardinäle im Konsistorium um den Thron des Papstes versammelte, aus dessen Händen der demütig knieende Franz die Bestätigungsurkunde empfängt. Der

Abb. 20. Exequien des heiligen Franciscus. Florenz. Cappella Sassetti.
(Nach einer Photographie von Giacomo Brogi, Florenz.)

ist die Teilnahme der Zuschauer an dem selben selbst mit weit geringeren Mitteln des Ausdrucks dargestellt! Mit kräftigen Armen halten zwei teilnehmende Freunde den zornigen Bernardone von einer Gewaltthat gegen Franciscus zurück, der dem Vater furchtlos gegenübersteht und von allem Irdischen gelöst, mit gläubig erhobenen Händen sich Gott zum Opfer bringt, von dem Bischof liebevoll umfaßt, der mit dem Mantel des Heiligen Blöße deckt.

Die Stiftung des Franziskanerordens durch Honorius III. in der nächsten Lünette Schauplatz der Handlung aber ist Florenz, und vornehme Florentiner Bürger behaupten den ganzen Vordergrund des Bildes, während im Hintergrunde durch die ideale Architektur der Arkadenbögen die Loggia dei Lanzi sichtbar wird und links davon die heute noch unveränderte Fassade des Palazzo Vecchio sich erhebt. In dem auffallend häßlichen Manne mit struppigem schwarzen Haar und vorspringender Nase und Kinn, der rechts zwischen zwei älteren Begleitern erscheint, hat schon Vasari den Lorenzo Magnifico erkannt, aber auch der Kahlkopf zu seiner

Linken darf uns nicht unbekannt bleiben. Es ist niemand anders als Francesco Sassetti selber, den die sprechende Ähnlichkeit mit dem Stifterbildnis an derselben Wand verrät, die sich sogar bis auf eine mächtige Warze oben auf der Stirn erstreckt. Die drei Porträtgestalten links und die jüngeren Leute, welche die Häupter ehrfurchtsvoll vor den Lenkern des Staatswesens entblößend, im Vordergrunde die Treppe heraufkommen, kennen wir nicht; aber es ist nicht ohne Interesse zu beobachten, wie Raffael in der Messe von Bolsena den originellen Gedanken Ghirlandajos, durch die Fiktion einer Treppe für die Porträts einiger Zeitgenossen Raum zu schaffen, wiederaufgenommen hat.

Der Einfluß Giottos, der in der „Bestätigung des Franziskanerordens" durch Ghirlandajos Freude an der Schilderung realer Wirklichkeit, der Vaterstadt Florenz und ihrer wackeren Bürger, eines päpstlichen Konsistoriums, wie er es selbst in Rom gesehen, fast völlig zurückgedrängt war, äußert sich wieder im „Bekehrungsversuch des Sultans" in naivster Weise (Abb. 17). Sind doch der thronende Fürst der Ungläubigen und der unerschrockene Heilige, welcher sich anschickt, durch die Feuerprobe seinen Glauben zu erhärten, in Ausdruck und Gebärden bis ins einzelne dem Fresko in Santa Croce nachgebildet, dem Ghirlandajo nur durch Anbringung einiger Nebenfiguren einen selbständigen Schein zu geben versucht hat. Aber darf man hier überhaupt von Ghirlandajo reden? Der wenig erfreuliche Gesamteindruck, den dies Gemälde heute im Beschauer weckt, ist wohl nicht nur auf den üblen Zustand seiner Erhaltung zurückzuführen, sondern auch auf den großen Anteil, welchen die Gehilfen an seiner Ausführung gehabt haben.

Bei keinem Ereignis im Leben des heiligen Franz, das seine Biographen aus Dichtung und Wahrheit reizvoll zusammenfügten, verweilen Thomas von Celano, die Fioretti, die drei Genossen liebevoller als bei der Stigmatisation, kein Gegenstand

Abb. 21. Detail aus den Exequien des heiligen Franciscus.
(Nach einer Photographie von Giacomo Brogi, Florenz.)

Abb. 22. Porträt des Francesco Saffetti. Florenz. Cappella Saffetti.

hat der Kunst häufiger als Vorwurf gedient. Auch Ghirlandajo hat sich in das poetische Geheimnis der mystischen Vereinigung Christi mit seinem demütigsten Jünger mit besonderer Hingabe versenkt. Alle seine unzähligen Vorgänger, welche das Wunder von Alvernia geschildert haben, waren an der Wiedergabe der Natur gescheitert; er weckt im Beschauer zum erstenmal die Illusion einer einsamen Gebirgshöhe, von welcher sich ein weiter Blick über Berg und Thal erschließt (Abb. 18). Franciscus, hier auf einmal mit dem Nimbus geschmückt, ist auf die Knie gesunken und empfängt mit dem Ausdruck seliger Freude die Wundenmale in die ausgebreiteten Hände, welche der von Seraphim getragene Crucifixus aus dem Himmel herniedersendet. Entsetzt ist sein Begleiter zu Boden gestürzt, und zwei Rehe, die sich friedlich im Grase vergnügten, blicken erstaunt auf das seltsame Ereignis.

Mehr als das Figürliche erfreut die wilde Gebirgslandschaft, die sicher ursprünglich über leuchtendere Farben gebot als heute, wo ein trübes Grau über das Ganze eine Regenstimmung breitet. Man möchte meinen, Ghirlandajo habe wirkliche Natureindrücke wiedergegeben, und was er einzeln in sein Skizzenbuch zusammengetragen, hier in ein wirkungsvolles Ganze zusammengefaßt. Auf waldigem Gebirgskegel, hoch über dem Felsen noch, wo Franciscus kniet, erhebt sich in völliger Weltabgeschiedenheit das Kloster La Verna, weiter im Hintergrunde auf einer der Höhen, die das Ufer des breiten Flusses umkränzen, ragt stolz eine hochtürmige Festung empor, und unten im Flußthal winkt die wohlverwahrte Stadt, über deren Kirchen, Kuppeln und Palästen sich ein schlanker Turm erhebt, dessen eigenartige Architektur sofort den schiefen Turm von Pisa erkennen läßt. Und doch faßt

uns „die schöne Seele der Natur" in
Schöpfungen wie Botticellis Primavera
oder Geburt der Venus viel mächtiger an:
im flüsternden Rauschen der Bäume, im
Plätschern der spielenden Wogen suchen
wir die Antwort auf unsere Fragen, die

nis, ohne Seele und Empfindung vor-
getragen ist.

Auch das folgende Bild an der Altar-
wand, die Auferweckung des Kindes aus dem
Geschlecht der Spini, kann für Ghirlandajos
Eigenart nicht bezeichnender sein (Abb. 19).

Abb. 21. Thronende Madonna. Florenz, Uffizien.
(Nach einer Photographie von Anderson, Rom.)

geheimnisvolle Äußerung ihres ewig un-
veränderlichen Seins, die auch die Kunst
nicht unterdrücken darf. Von solchen Stimmungen weiß Ghirlandajo nichts. Sein
Gemälde, als eine der wenigen landschaftlichen Schilderungen der Florentiner Renaissancekunst so ungeheuer interessant, läßt
sich mit einer reizenden Komposition vergleichen, die in sich selber jeden Wohl-
klang birgt, aber ohne tieferes Verständ-

Obwohl die Bahre mit dem Kinde, welches
der in den Wolken erscheinende Heilige soeben von den Toten erweckt hat, die ganze
Mitte der Darstellung behauptet, erregt
doch diese Wunderthat unsere Teilnahme
weit weniger, wie der Schauplatz der Handlung selbst und ihre Zuschauer. Vasaris
begeisterte Lobeserhebung, der dies Gemälde
allein aus dem ganzen Cyklus der Sassetti-
tavelle ausführlich beschreibt, spiegelt auch

deutlichſte das Wohlgefallen wieder, welches die wackeren Florentiner von jeher gerade an ihrem Lieblingsmaler gefunden hatten, der ſie ſelbſt ſo trefflich in der ihnen vertrauten Umgebung zu ſchildern verſtand.

ſelbſt der würdigen Verſammlung ſeiner Zeitgenoſſen zugeſellt. Er ſteht ein wenig im Hintergrunde mit einem ſeiner Gehilfen in der Ecke rechts und ſchaut, die Hände in die Seiten geſtützt, mit berechtigtem

Abb. 24. Thronende Madonna. Lucca. Kathedrale.
(Nach einer Photographie von Gebr. Alinari, Florenz.)

Hier ſind unter den leider arg zerſtörten und vielfach übermalten Porträtgeſtalten die jüngeren männlichen und weiblichen Mitglieder des Hauſes Saſſetti dargeſtellt, hier ſieht man Männer wie Majo degli Albizzi, Agnolo Acciajuoli und Palla Strozzi in vornehmer Haltung, ohne eine Miene zu verziehen, an dem großen Wunder teilnehmen, hier hat ſich Ghirlandajo

Selbſtgefühl aus dem Bilde heraus. Der Schauplatz der Handlung iſt die Piazza von Santa Trinita, wo ſich die Jugend von Florenz auf den Steinbänken vor dem Palazzo Spini zu heiteren und ernſten Geſprächen zu verſammeln pflegte, ebendort wo Michelangelo in einem berühmten Wortwechſel dem Leonardo vorwarf, das Reiterbild des Herzogs von Mailand niemals in

Abb. 20. Thronende Madonna. Florenz. Akademie.
(Nach einer Photographie von Anderson, Rom.)

Bronze ausgeführt zu haben. Zur Linken sieht man das Kind aus einem Fenster des Palastes herabstürzen, rechts kommen die Priester in feierlichem Zuge aus der Kirche heraus und in der Mitte setzt sich die Straße in der hochgewölbten Brücke von Santa Trinita über den Arno fort. Das Bild dieses Platzes ist auch heute noch im wesentlichen dasselbe, nur die schöne spätromanische Fassade der Kirche, die als köstlichstes Kleinod eben die Cappella Sassetti birgt, ist längst einem barocken Prunkbau zum Opfer gefallen und die schmucklosen Häuser am anderen Ufer haben modernen Kasernenbauten weichen müssen.

Hat Ghirlandajo, ganz hingenommen von dem dankbaren Thema, die Florentiner in Florenz zu schildern, der Wunderthat des heiligen Franciscus nur ein geringes Interesse einzuflößen vermocht, so ist er sich in dem letzten großartigen Bilde seines Freskencyklus der ernsteren Aufgaben der Kunst noch einmal mit Nachdruck bewußt geworden (Abb. 20). Den Exequien des heiligen Franciscus gebührt unbedingt der Preis vor allen Fresken in der Sassettikapelle. Fühlte sich der Künstler freier von allen Rücksichten auf seine Freunde und Auftraggeber, deren Porträts nun schon von allen Wänden herniederschauten? Gelang es ihm besser den Stoff zu bemeistern, weil er in San Gimignano eine ähnliche Aufgabe gelöst hatte, weil in Giottos herrlicher Schilderung in Santa Croce im Keim schon jegliche Empfindung verborgen lag, durch welche es hier den Beschauer zu rühren galt? In der That schlägt Ghirlandajo auf einmal eine Saite an, die man wohl öfter in seinen Werken erklingen hören möchte: eine ungewohnte Tiefe der Empfindung verbindet sich mit der lebendigen Frische seiner Darstellungsweise, und er schafft ein einheitlich beseeltes Ganze, wie ihm bis dahin überhaupt noch keins gelungen. Schluchzend sind die frommen Brüder an der Bahre ihres Hirten auf die Kniee gesunken, sie küssen ihm Hände und Füße und wollen sich nicht trösten lassen. Nur der ungläubige Arzt schaut ernst und gedankenvoll auf den Toten herab und hat noch die Finger auf die Seitenwunde gelegt, an deren Dasein er nicht glauben wollte. Drei ältere Mönche stehen ein wenig zurück. Wie ergreifend ist der Ausdruck ihres wortlosen Jammers in den wehklagend erhobenen Händen, in der Trauer, der Angst, der Verzweiflung des gesenkten Blickes! Der alte Priester, welcher die Vigilie singt, mit der schwarzen Hornbrille auf der Nase, erregte mit Recht schon Vasaris Bewunderung. Die ewig gleichgestellte Uhr der Pflicht rief ihn wieder einmal an eine Totenbahre, und nun spricht er mit gewohnter Würde die längst erlernten Gebete, durch das Pflichtbewußtsein jede Schmerzensäußerung besiegend. Tiefer ergriffen scheinen seine jugendlichen Assistenten (Abb. 21). Welch ein stiller, edler Schmerz äußert sich in ihren Zügen, mit welch' ehrfurchtsvoller Scheu blicken sie beide auf den Toten hernieder, zu dessen Füßen köstlich charakterisierte Priesterknaben Kerzen und Kirchenfahnen emporhalten. Rechts und links, bescheiden zur Seite stehend, nehmen einige wenige Porträtgestalten — unter ihnen ein prächtiger alter Mann und ein wichtig auftretender liebenswürdiger Knabe — an der dramatisch bewegten Handlung teil, deren geschlossener Charakter durch den seitgestigten Rahmen eines edlen Renaissancetempels aufs wirksamste gehoben wird.

Die knieenden Stifter rechts und links vom Altar, unter deren Bildnissen Ghirlandajo mit großen lateinischen Ziffern als Tag der feierlichen Einweihung der Kapelle den 15. Dezember 1485 bezeichnete, sind als Flügel eines Triptychon aufgefaßt, als dessen Mittelbild die Altartafel gedacht war. Aber seitdem diese entfernt, fehlt dem frommen Ehe-

Abb. 26. Anbetung der Hirten, einst in der Saßettikapelle, heute in der Akademie zu Florenz.
Nach einer Photographie von Anderson, Rom.

Steinmann, Ghirlandajo.

paar, das sich mit den Hirten zur Anbetung des Christkindes eingefunden zu haben schien, der Gegenstand seiner Andacht. Madonna Nera, die süßeste Gattin, mit welcher Francesco Sassetti ein glückseliges Dasein führte — wie es auf ihrer Grabschrift heißt —, ist in lange schwarze Matronengewänder gehüllt. Sie hat die Reize der Jugend längst verloren, aber auch der Gemahl ist kein Jüngling mehr. Antonio Rossellino hat den interessanten Kopf des ehrsamsten Florentiner Handelsherrn, welcher in jüngeren Jahren die Bank der Mediceer in Lyon geleitet hatte, in Marmor ausgeführt, und Ghirlandajo malte ihn hier mit solchem Fleiß, mit so sicherer Charakteristik, daß man sich beim Anblick des Bildes an die besten Porträts eines Piero della Francesca erinnert fühlt.*)

Es ist eine Thatsache, die für sich selber spricht, daß wir Ghirlandajos glücklichen und kurzen Lebenslauf über die Hälfte hin aus verfolgen konnten, ohne je Gelegenheit zu finden, seine Tafelbilder kennen zu lernen. Wie der größte seiner Schüler, Michelangelo, aber aus anderen Ursachen zog auch Ghirlandajo das Wandbild dem Tafelgemälde vor, und wo er dieses schuf, verlangte er auch hier fast immer ähnlich große Flächen, wie sie dem Freskomaler zu Gebote standen. Intime Madonnendarstellungen, kleine Kabinetsstücke, wie sie Botticelli so herrlich gelangen, hat Ghirlandajo niemals ausgeführt. Er wußte sehr wohl, daß es ihm in der von Jugend auf erlernten Freskotechnik nur wenige seiner Zeitgenossen gleich thaten, er konnte nur auf breiten Mauerflächen in so großen Verhältnissen, daß sich der Beschauer als Mensch unter Menschen fühlen mußte, sein liebenswürdiges Erzählertalent, seine Kunst zu komponieren entwickeln; und hier mochten solche Vorzüge das Unvermögen des Meisters, einheitliche Stimmungen zu erwecken, dem Körper eine Seele einzuflößen, am ersten vergessen machen. Gewiß! Ghirlandajos Tafelbilder stehen hinter seinen Fresken nicht nur äußerlich an Zahl, sondern auch an innerem Wert zurück: verdienen sie darum aber weniger Beachtung? Gerade

*) Ein drittes Porträt des Francesco Sassetti mit seinem Sohn von Ghirlandajo befindet sich in der Sammlung Benson in London.

weil sie uns tiefer als die großen Fresken enthüllen in die Gedankenwerkstätte des Künstlers einführen müssen, weil sie uns mit seinem persönlichen Empfinden oder Nichtempfinden vertrauter machen sollen, sind diese Andachtsbilder rechte Prüfsteine seiner Kunst, mag auch das Resultat für den Künstler nicht immer ein günstiges sein.

Ausschließlicher noch als bei Botticelli sind es bei Ghirlandajo die Marienbilder, an welchen sich sein Pinsel erprobt. Allerdings malt er keine stimmungsvollen Tondi oder reizende Familienscenen; er schildert allein die thronende Jungfrau, deren Herrschersitz Engel und Heilige behüten. Welch eine Fülle wechselnder Empfindungen, welch ein wunderbar stetiges Emporwachsen der eigenen Ideen an den Gedanken Savonarolas beobachten wir in Botticellis Madonnenbild! Ghirlandajo starb für solche Eindrücke zu früh: sie würden auch ihn beseelt haben, wenn sie selbst eine Zeitlang Peruginos Kunst mit tiefen Gedanken erfüllten. So steht er auch hier auf dem Boden einer älteren Kunststromung: das segnende Kind, die Anbetung heischende Mutter, knieende Heilige, Hirten und Könige, das sind die stets sich wiederholenden Elemente, aus denen sich diese Andachtsbilder im engeren Sinne zusammensetzen, die ihren eigentümlichen Reiz bald der Schönheit der Farbe, bald der Liebenswürdigkeit der Typen, bald der heiteren Naivetät der Schilderung verdanken.

Die thronende Madonna in den Uffizien (Abb. 23) ist vielleicht das früheste Tafelgemälde Ghirlandajos, welches wir besitzen, da sein Tabernakel in San Salvatore in Camaldoli, seine Altarbilder für die Klöster von Settimo und Monticelli, Werke, die in den Jahren 1479—1482 entstanden, verloren gegangen sind. Als Temperabild, sagt Vasari, der das Gemälde genau beschreibt und seine Geschichte erzählt, konnte es nicht besser gearbeitet werden. Es hat überdies den Vorzug einer Jugendarbeit, den spätere Werke großer Künstler häufig vermissen lassen, daß es ganz eigenhändig gearbeitet ist, erfreut sich, abgesehen von Übermalungen am Kopf von Kind und Madonna der besten Erhaltung und zeigt in den Halbtönen der Färbung — grau, rosa und himmelblau — eine zart gedämpfte Farbenstimmung, die dem modernen Geschmack besonders zusagt. Unter freiem Himmel, mitten im Grün von Orangen und Cypressen, ist im edelsten Renaissancestil der Thron der Jungfrau errichtet, dessen prächtige Ornamente aus Perlen und Juwelen sofort Ghirlandajos Herkunft aus einer Goldschmiedwerkstatt erraten läßt.

rend die beiden heiligen Bischöfe, welche knieend den Segen des Christkindes empfangen, als selbständige Typen Ghirlandajos, durch die ernste Würde ihrer Erscheinung und die seelenvolle Hingabe an Maria und ihren Sohn unsere Bewunderung erregen.

Abb. 27. Anbetung der Könige. Florenz. Uffizien.
(Nach einer Photographie von Gebr. Alinari, Florenz.)

Ein bunter Teppich führt zu den Thronstufen hinauf, ein Gefäß mit Lilien und Rosen ist gleichsam als Opfergabe zu den Füßen Marias niedergesetzt. Vier bekränzte, etwas altkluge Engel, denen der Wunsch zu gefallen nur halb gelingt, haben sich um den Sitz der Madonna geschart, den Raffael und Michael mit freundlicher Würde bewachen. Sie tragen den Kunstcharakter Verrocchios an die Stirn geschrieben, wäh-

Überhaupt konnte der Künstler ein Andachtsbild als solches nicht edler komponieren, nicht festlicher schmücken, und er wird durch solche Tafelbilder seine Auftraggeber ebenso befriedigt haben, wie durch seine Freskomalereien. Er äußert wenig persönliches Empfinden, aber er gibt alles, was die Menge zu sehen verlangte, wenn sie sich gläubig um den Altar scharte. Maria ganz Huld und Herrlichkeit, der

Knabe freundlich bereit, den Segen zu erteilen, Engel und Erzengel als Hüter des Thrones, die frommen Greise Vermittler der Gottheit, leuchtende Vorbilder wohlgefälliger Andacht, tröstende Zeugen erhörter Gebete.

Ähnliche Vorzüge und Schwächen finden sich in allen Altartafeln Ghirlandajos der nächsten Jahre wieder, die in der Kathedrale von San Martino in Lucca, in der Akademie von Florenz, in Sant' Anna in Pisa und anderwärts bewahrt werden. Das Madonnenbild in Lucca gehört unter seine heiterhaltensten und charaktervollsten Schöpfungen und doch ist seine Entstehungszeit nicht mit Sicherheit festzustellen (Abb. 24). Beobachten wir in den Greisenköpfen den schon völlig ausgeprägten Stil des Meisters, so finden wir im heiligen Sebastian genau den Typus wieder, der uns im Erzengel Michael an Verrocchio erinnerte. Maria endlich, mit dem überschlanken Oberkörper, wie wir ihn in Botticellis Jugendarbeiten beobachten, der zaghaften Schüchternheit, mit der sie auf dem Throne Platz genommen hat, möchte uns fast glauben machen, die Tafel in Lucca sei früher entstanden, wie das Bild in Florenz, wo sich die Jungfrau längst in ihrer Rolle als Himmelskönigin zurecht gefunden zu haben scheint, und doch verfügt die Altartafel in San Martino über so eigentümliche Reize, ist so ernst und groß in der Auffassung, daß man sie kaum als Frühwerk Ghirlandajos zu nennen wagt. Die Beschränkung des Ornamentes an der Architektur und den Gewändern, die feierliche Würde der Apostelfürsten, welche mit Schwert und Schlüssel die Thronwacht halten, die unbefangene Anmut des segnenden Knaben, welchen Maria kaum zu berühren wagt, alles das verleiht dem Bilde den Charakter einer Ehrfurcht und Anbetung heischenden Vision, welche der schwere, nach rechts und links zur Seite gehobene Vorhang soeben enthüllt hat.

Das vielfach beschädigte Bild der thronenden Maria in der Florentiner Akademie (Abb. 25), dessen Herkunft unbekannt, ist genau betrachtet weiter nichts als eine freie Wiederholung der Altartafel in den Uffizien. Derselbe architektonische Hintergrund, die gleiche segnende Gebärde des einfach wiederholten Kindes, die fast unveränderte Anordnung der fünf Hauptpersonen. Nur die Goldschmiedornamente am Architrav sind ausgegeben, die lilientragenden Engel überraschen durch ihre kindliche Anmut, die charaktervollen Heiligen zeichnen sich durch plastische Modellierung aus, und in Maria macht sich deutlich eine leise Regung mütterlicher Gefühle bemerkbar.

Dieselbe Galerie bewahrt auch die ausgezeichnet erhaltene, nur durch einen trüben Firniß verschleierte Anbetung der Hirten (Abb. 26), eine der merkwürdigsten Episoden in Ghirlandajos Kunst. Die Jahreszahl 1485, in großen Lettern auf das Gebälk des antiken Pfeilers geschrieben, welches das ärmliche Strohdach der Hütte trägt, das Wappen der Sassetti rechts und links auf den Pilastern des kunstvoll geschnitzten Originalrahmens geben über Entstehungszeit und Herkunft des Gemäldes befriedigenden Aufschluß. Wir stehen vor dem prächtigen Altarbild, mit welchem Ghirlandajo seine Thätigkeit in der Sassettikapelle abgeschlossen hat.

Wie der Lehrer Baldovinetti, so nahm auch der Schüler Domenico nicht den geringsten Anstoß daran, die heilige Nacht im klarsten Licht des Tages darzustellen: hatten sich doch auch Fiorenzo di Lorenzo, Perugino und Lorenzo di Credi über diesen Punkt niemals Gedanken gemacht. Aber als gälte es in diesem Gemälde etwas ganz Besonderes zu leisten, vielleicht auch, um einem vorübergehend sich kundgebenden Geschmack seiner Landsleute entgegenzukommen, hat sich Ghirlandajo hier ein einziges Mal und allein unter allen seinen Kunstgenossen in mehr als einer Hinsicht von Hugo van der Goes beeinflussen lassen, dessen Anbetung der Könige in Santa Maria Nuova noch heute als die Perle aller vlämischen Kunst in Italien gepriesen wird. Allerdings ist der Künstler sowohl in der landschaftlichen Scenerie, in der er mehr als je römische Studien nach der Antike verwertete, als auch in den hergebrachten Idealtypen, Marias, Josephs und des Kindes, sich selbst und seinen Lehrern treu geblieben; aber schon die derb realistischen Hirten, unter denen Vasari mit Unrecht ein Selbstporträt Ghirlandajos erkennen wollte, verraten in den fremdartigen, mit peinlichster Sorgfalt durchgeführten Köpfen, in der charaktervollen Zeichnung ihrer schwieligen ausgearbeiteten Hände das Studium des herrlichen Altarwerkes des vlä-

mischen Künstlers, das noch heute in jedem
Beschauer durch die Schönheit der Farben,
die unendliche Feinheit der Durchführung
bis ins kleinste Detail Staunen und Bewunderung erweckt. Deutlicher noch gibt
sich solch Einfluß in dem zarten Schmelz

Man vergleiche nur diese Anbetung der
Hirten mit der thronenden Madonna in
derselben Galerie. Hier sind fast alle Töne
der Farbenskala nicht minder kühn ohne
alle Übergänge nebeneinander gestellt, wie
etwa im türkischen Teppich, der die Thron-

Abb. 24. Anbetung der Könige. Florenz. Palazzo Pitti.
(Nach einer Photographie von Anderson, Rom.)

der Farbe, in der einheitlichen Stimmung
des ganzen Vordergrundes kund, wo Ghirlandajo das Motto des Gemäldes, das in
goldenen Buchstaben auf dem Fries des
Rahmens prangt, mit seltener Anmut und
fast kindlicher Einfalt illustriert hat:

Ipsum quem genuit adoravit Maria.*)

*) Denselben, welchen sie geboren, betete Ma-
ria an.

stnien bedeckt: der Scharlachmantel des
Papstes Clemens behauptet sich unmittelbar neben dem kräftigen Rosa des Kleides
der Madonna und dem gesättigten Blau
ihres Mantels. Wie nachdrücklich sind dagegen nach dem Vorgang des Vlamländers
in der Anbetung der Hirten alle Lokal-
farben unterdrückt, wo die sorgfältig ab-
gewogenen mittleren Töne blau, gelb und
braun nur durch den einen hellroten Streif

des ungeschlagenen Ärmels an der erhobenen Rechten des ungewöhnlich edel aufgefaßten Joseph unterbrochen werden. Im ganzen Hintergrunde allerdings haben sich die alten fröhlichen Lokaltöne behauptet, aber hier hat auch Ghirlandajos Thätigkeit aufgehört. Die im hellsten Sonnenschein strahlende Flußlandschaft, der farbenreiche Troß der heiligen drei Könige, welche eben durch den Triumphbogen des „großen Pompejus" in Bethlehem ihren Einzug halten, bis zu den Vorreitern, die sich schon der Hütte nähern, alles das ist von einer wohlgeübten Schülerhand gemalt.

Nirgends hat die Umgebung, für welche es bestimmt, ähnlichen Einfluß auf die äußere Gestaltung und die innere Auffassung eines Gemäldes gehabt, wie bei den Madonnenbildern. Vielleicht würde selbst Ghirlandajo von der feierlich-festlichen Stimmung hergebrachter Andachtsbilder einmal den Weg gefunden haben zu einer von warmen menschlichen Empfindungen beseelten Madonnenschilderung, wäre ihm mehr Gelegenheit geboten, Marienbilder in kleineren Verhältnissen für stille Privaträume und heimliche Hauskapellen zu malen. Zwar bezeugt Vasari ausdrücklich die umfassende Thätigkeit des Künstlers in den Palästen seiner vornehmen Gönner, aber da die noch heute in Florentiner Privatsammlungen bewahrten Madonnenbilder, welche auf Ghirlandajos Namen gehen, meist von Schülerhänden ausgeführt sind, so wird man die Äußerung des Biographen vor allem auf Porträtbilder beziehen, von denen sich besonders im Auslande noch jetzt einige vortreffliche Exemplare erhalten haben.

Ein einziges Rundbild, das Ghirlandajo höchst wahrscheinlich im Auftrag der Tornabuoni für eine Hauskapelle gemalt hat, wird heute in den Uffizien bewahrt (Abb. 27). Es stellt die Anbetung der heiligen drei Könige dar, trägt auf einem Steinblock ganz im Vordergrunde die Jahreszahl 1487 und zeigt im fröhlichen Spiel leuchtend heller Farben, daß sich der Künstler von jedem fremden Einfluß wieder frei gemacht hat. Das Bild ist ganz aus demselben Geist entsprossen, wie Botticellis Rundbild in der Londoner Nationalgalerie, mit dem es auch äußerlich in dem mit antiken Ruinen geschmückten Hintergrunde, in dem fröhlichen Getümmel von Roß und Reiter, in welchem die Hauptpersonen fast verschwinden, die größte Verwandtschaft besitzt. Maria beut mit jungfräulicher Schüchternheit das freundlich segnende Kind dem greisen Könige dar, der sich wie seine Begleiter anbetend auf die Kniee geworfen hat, und Joseph freut sich augenscheinlich der unerwarteten Huldigung, an welcher rechts auch zwei prächtige Porträtgestalten, wahrscheinlich die Besteller des Gemäldes, teilnehmen. Aber es fehlt den Anbetenden die Glut der Hingabe, es mangelt Maria die königliche Würde, die sie allein berechtigt erscheinen läßt, königliche Huldigungen anzunehmen, und trotz allem Farbenglanzes, trotz des reich bewegten Lebens, das hier so frisch pulsiert, läßt die Anbetung in den Uffizien, von welcher sich im Palazzo Pitti (Abb. 28) eine gleichzeitige grobe Wiederholung befindet, den Beschauer kalt.

Es ist erfreulich, daß Ghirlandajo ein Jahr später sich noch einmal an einer Anbetung der Könige versucht hat: er beherrschte jetzt den Stoff, er war von jeher ein Meister schöner Farben, so gelang ihm hier das Beste, was er je als Tafelmaler geleistet hat, und das Bild, welches wir an den Schluß seiner Madonnenschilderungen stellen, bezeichnet zugleich den Höhepunkt. Die Altartafel in der Kirche der Innocenti (Abb. 29) ist eins jener Wunder der Malerei, über welches das Schicksal selbst behütend seine Hand gehalten hat. Vier Jahrhunderte haben die Schönheit seiner Farben nicht verändert, und von Restaurationen fast unberührt, leuchtet es uns noch heute von seinem ursprünglichen Platz hoch über dem Hauptaltar entgegen.

„Hier sind die schönsten Köpfe," rühmt Vasari, „junge und alte, alle verschieden in Ausdruck und Bewegung, und vor allem im Kopf unserer lieben Frau bemerkt man so ehrbare Schönheit und Anmut, wie sie nur immer die Kunst in der Muttergottes zum Ausdruck zu bringen vermag."

Zwei Madonnenideale kennt die Kunstgeschichte: die Himmelskönigin, welche für sich und ihren Sohn die Anbetung der Gläubigen fordert, die Mutter, welche unbekümmert um die Außenwelt, dem Kinde allein alle Sorge und Liebe offenbart, von ihm allein Gegenliebe verlangt. Im ganzen Mittelalter bis tief hinein in die Renaissance hat die Himmelskönigin das Feld

Abb. 29. Anbetung der Könige. Florenz, Kirche der Innocenti.
(Nach einer Photographie von Gebr. Alinari, Florenz.)

behauptet, aber daneben äußerte sich, wenn auch nur schüchtern und sporadisch, eine gemütvollere Auffassung Marias, die bis auf die Katakombengemälde ihren Ursprung zurückführen konnte. Botticelli, in seiner Entwickelung durch Savonarola gefördert und gehemmt, huldigte zuerst mit voller Hingabe dem menschlichen Madonnenideal und wies damit Raffael den Weg: in Ghirlandajos Phantasie hat sich die Himmelskönigin behauptet, ihr Bild hat er am reinsten, so herrlich wie kein anderer vor

ihm, in der Anbetung der Könige, in der Kirche der Innocenti verkörpert.

In dir Barmherzigkeit, in dir ist Mitleid,
In dir großmüt'ges Wesen, in dir eint sich,
Was immer ein Geschöpf an Güte fasset.

Dieser erhabene Lobgesang Dantes im 33. Gesang des Paradieses gibt am besten die Stimmung wieder, die Ghirlandajo in sein herrliches Madonnenbild hineingelegt. Es gehört zugleich als Komposition zu dem Schönsten, was er je geschaffen, in der Farbenpracht wird es von keinem anderen seiner

Tafelbilder erreicht. Die irdische Niedrigkeit hat die sonst so träge Phantasie des Künstlers in eine Vision himmlischer Herrlichkeit verwandelt: einige Marmorblöcke übereinander gelegt dienen der Königin als Thron, das Dach der Hütte selbst, vor dem die Engelscharen Halleluja singen, als Baldachin. Der segnende Knabe blickt freundlich lächelnd auf den knieenden Greis im faltenreichen Purpurmantel, der mit dem Ausdruck seliger Dankbarkeit im erhobenen Blick eben das Füßchen des Kindes küssen will. Der knieende König zur Rechten scheint nicht minder tief bewegt, und einen schöneren Jüngling hat Ghirlandajo nie gemalt, als den jüngsten der Magier mit den langen lichtbraunen Locken, hinter dem in kleineren Verhältnissen sein eigenes wohlbekanntes Bildnis sichtbar wird. Der Täufer Johannes zur Linken, der Evangelist zur Rechten empfehlen die unschuldigen Kindlein, welche Kirche und Spital den Namen gegeben, rührende kleine Wesen, in der Art Baldovinettis, mit klaffenden Wunden an Kopf und Hals.

Den ganzen Hintergrund des Bildes hat Ghirlandajo wie gewöhnlich einem Schüler anvertraut, vielleicht demselben, der im Palazzo Colonna in Rom den Kindermord zu Bethlehem in ganz ähnlicher Weise geschildert hat. Aber trotzdem wird es immer ein Rätsel bleiben, wie der Künstler Zeit fand, dies Meisterwerk seiner Tafelmalerei, das er selbst mit der Jahreszahl 1488 bezeichnet hat, gleichzeitig mit den Fresken der Chorkapelle von Santa Maria Novella zu malen, dem monumentalsten Bildercyklus, den Florenz aus dem Quattrocento aufzuweisen hat.

III.

Seit Jahrhunderten hatte das erlauchte Geschlecht der Ricci das Patronatsrecht über die Chorkapelle von Santa Maria Novella besessen, deren Wände Andrea Orcagna im Auftrag ihrer Ahnen mit einem Bildercyklus aus dem Marienleben geschmückt hatte. Aber im Laufe der Zeit war durch die Schadhaftigkeit des Daches und die

Abb. 50. Der Evangelist Matthäus. Florenz. Santa Maria Novella. (Deckengemälde.)

Abb. 31. Linke Wand der Chorkapelle von Santa Maria Novella in Florenz. (Gesamtansicht.)
(Nach einer Photographie von Gebr. Alinari, Florenz.)

Abb. 32. Der Bethlehemitische Kindermord. Florenz, Santa Maria Novella.
(Nach einer Photographie von Gebr. Alinari, Florenz.)

zunehmende Feuchtigkeit der Mauern der größte Teil der Gemälde zerstört, und das verarmte Geschlecht besaß nicht die Mittel, dem fortschreitenden Verfall zu wehren. Zu stolz, das edelmütige Anerbieten vornehmer Mitbürger anzunehmen, welche die Kapelle auf ihre Kosten wiederherstellen lassen wollten, fürchteten die Glieder des Hauses Ricci überdies, einmal die Sorge für die Erhaltung der Kapelle in fremde Hände gegeben, auch das Patronat zu verlieren und damit das Vorrecht einzubüßen, an den Chorwänden die Familienwappen aufhängen zu dürfen. Dem weltgewandten Oberhaupt des alten Patrizierhauses der Tornabuoni gelang es endlich nach vielfach gescheiterten Versuchen, die mißtrauischen Patronatsherren umzustimmen. Wahrscheinlich von der öffentlichen Meinung unterstützt, welche die Verwahrlosung der Chorkapelle nicht länger dulden wollte, erreichte er mit klugen Versprechungen, was so viele vor ihm vergeblich versucht hatten. Er gelobte feierlich, alle Kosten der Restaurationsarbeiten auf seine Tasche zu nehmen, die

Eigentümer der Kapelle überdies noch in irgend einer Weise besonders zu entschädigen und vor allem ihr Wappen am ersten Ehrenplatz so anzubringen, daß jedermann es sehen mußte. Dafür erhielt er, was Wiederherstellung und Ausmalung des hohen Chors betraf, alle Freiheit und Vollmacht, und Giovanni Tornabuoni zögerte nicht, sich derselben zu bedienen.

Der Kontrakt, welchen der „Bürger und Kaufherr von Florenz" — wie es in dem lateinisch abgefaßten Schriftstück heißt — am 1. September des Jahres 1485 mit Domenico Ghirlandajo und seinem Bruder David schloß, gehört zu den interessantesten Dokumenten, welche die Kunstgeschichte des Quattrocento in Italien besitzt. Es enthält vor allem für Domenico, der damals die Ausmalung der Sassetti kapelle in Santa Trinita noch nicht einmal vollendet hatte, die Verpflichtung, im Mai des folgenden Jahres 1486 die Ausmalung der Chorkapelle in Santa Maria Novella zu beginnen und im Zeitraum von vier Jahren, bis zum Mai 1490, zu vollenden, wofür ihm als Lohn die Summe von elfhundert Florinen, in monatlichen Raten zahlbar, zugesichert wird.

Aber der würdige Besteller, der als Schatzmeister Sixtus' IV. in Rom, als Teilhaber an den glücklichen Spekulationen der verschwägerten Medici ein ansehnliches Vermögen erworben hatte, begnügt sich keineswegs damit, Beginn und Vollendung des großartigen Auftrages vorsorglich festzusetzen, in großen Zügen etwa das Programm der Darstellungen zu entwerfen. Mit peinlicher Genauigkeit bestimmt er jede der sieben Scenen aus dem Marienleben, jede der sieben Begebenheiten aus der Geschichte Johannes des Täufers, welche rechts und links die Chorwände zieren sollten. Der Künstler muß sich verpflichten, auf eigene Kosten ein heute wieder deutlich hervortretendes Fenster der Mittelwand zumauern zu lassen, um für eine Krönung Marias Raum zu gewinnen, und auch hier werden ihm genau die Heiligen vorgeschrieben, welche den freien Raum an den Seiten des mächtigen Glasfensters ausfüllen sollten. Und hiermit nicht genug. Gleichsam als wollte er des Künstlers Phantasie völlig in Fesseln legen, bedingt sich der seltsame Mäcen das Recht, auf allen Gemälden nach eigenen Vorschriften Gebäude, Berge, Thäler, Gewänder, Vögel, Tiere anbringen zu lassen, ja Ghirlandajo muß sich ausdrücklich verpflichten, bevor er ein Bild auf die Wand zu entwerfen und auszuführen beginnt, dem Auftraggeber Plan und Zeichnung vorzulegen, der seiner höheren Einsicht jegliche Änderung vorbehält. Damit „in omnibus et per omnia" Tornabuonis Wille geschähe.

Wie anders gestalteten sich Rechte und Pflichten der Künstler wenige Jahrzehnte später unter der kühn sich selbst die Gesetze formenden Hand einer mächtigen Persönlichkeit! Als zweiundzwanzig Jahre später der Schüler Ghirlandajos die Decke der Sixtinischen Kapelle auszumalen begann, war zwischen ihm und Julius II. von einem Kontrakt überhaupt nicht mehr die Rede. Der Künstler malte, wann er wollte, und der Papst zahlte, wenn er konnte. Und nachdem Michelangelo, gewaltthätig wie nur er sein konnte, eines Morgens allen Schülern und Gehilfen die Thüren der Kapelle verschlossen hatte, wußte eigentlich niemand mehr, was der Gigant dort oben auf schwindelnden Gerüsten trieb. Gab es doch selbst für den Papst, dessen Leidenschaft und Ungeduld das hohe Alter nicht gemildert hatte, kein anderes Mittel, die Arbeiten seines wenig rücksichtsvollen Künstlers kennen zu lernen, als die schwankenden Leitern zu erklimmen, die sonst keines Sterblichen Fuß betreten durfte.

Über den Verlauf der Arbeiten in Santa Maria Novella, die Ghirlandajo in der That in der verhältnismäßig kurzen Frist von vier Jahren vollendete, besitzen wir geringe Kunde. Daß außer dem im Kontrakt erwähnten Bruder David auch der Schwager Mainardi mitgeholfen hat, beweist sein von Vasari erwähntes Porträt in der Vertreibung Joachims aus dem Tempel; daß außer diesen drei Hauptmeistern eine Schar von Schülern und Gehilfen beschäftigt war, ergibt sich aus dem handwerksmäßigen Charakter der Kunst Ghirlandajos von selbst. Ein kostbares Dokument, das uns mit einem Zauberschlage in das frische thätige Leben zurückversetzen würde, das sich damals im Chor von Santa Maria Novella entfaltete, besitzen wir nicht mehr, aber zum Glück ist die Thatsache wenigstens überliefert mit einem ehrlichen Geständnis, welches sich damals dem wackeren Domenico auf die Lippen legte. Eines Tages benutzte der junge Michelangelo, der erst fünfzehn Jahre zählte, als die Chorkapelle vollendet war, so daß er an ihrer Ausmalung kaum irgendwelchen selbständigen Anteil gehabt haben wird, die Abwesenheit des Lehrmeisters, um mit raschen Strichen alles aufs Papier zu bringen, was sich in der Kapelle begab. Er zeichnete Werkzeuge, Leitern und Gerüste und die Maler an der Arbeit oben darauf mit solcher Kunst, daß Ghirlandajo, als er bei seiner Rückkehr das Blatt erblickte, ganz erschroken über die neue Art zu zeichnen, in die Worte ausbrach: „Dieser versteht mehr davon als ich."

„Am 22. Dezember 1490," berichtet der Chronist Luca Landucci, „wurde die Chorkapelle von Santa Maria Novella aufgedeckt; Domenico Ghirlandajo hat sie gemalt und Giovanni Tornabuoni hat sie malen lassen." Ein Jahr darauf wurde durch Sandro di Giovanni, genannt Bidello, das riesige Glasfenster vollendet und Baccio d'Agnolo arbeitete in den folgenden Jahren an dem prächtigen Chorgestühl. Die Inschrift aber, welche niemand anders als Angelo Poliziano für das letzte der Fresken verfaßt hat, auf welchem er selber mit Marsilio Ficino mit Christoforo Landini und dem ganzen Geschlecht der Tornabuoni und ihrem Anhang dargestellt war, bezeichnet am beredtamsten die stolze Freude, die begeisterte Anteilnahme der ganzen Florentiner Bürgerschaft an diesem glücklichen Ereignis: Im Jahre 1490, in welchem das glänzendste Bürgertum, erlaucht durch seine Macht, seine Siege, seine Künste, seine Gebäude, sich des Reichtums, der Gesundheit und des Friedens erfreute.

Abb. 33. Das Sposalizio. Herzu. Santa Maria Novella. (Nach einer Photographie von Gebr. Alinari, Florenz.)

Abb. 34. Der Tempelgang Mariae. Florenz, Santa Maria Novella.
(Nach einer Photographie von Gebr. Alinari, Florenz.)

Auch Giovanni Tornabuoni war vollauf befriedigt. Er erklärte dem Künstler, mit welchem ihn ein aufrichtiges Freundschaftsverhältnis verbunden zu haben scheint, daß er die zweihundert Dukaten, welche als Extrabelohnung versprochen waren, glänzend verdient habe, bat ihn aber, sich mit dem ausbedungenen Preis zu begnügen: „und Domenico, welcher den Ruhm und die Ehre viel höher schätzte als alle Reichtümer, erließ ihm sofort den Rest und erklärte, daß ihm viel mehr daran liege, den Auftraggeber befriedigt zu haben, als gut bezahlt zu sein." Nur die Herren aus dem Geschlecht der Ricci kamen bei der allgemeinen Freude zu kurz. Lange suchten sie unter den glänzenden Wappenschildern der Tornabuoni und aller derer, die ihnen verwandt waren, das eigene Wappen, die Stachelschweine auf viergeteiltem Felde, vergebens, und als man es ihnen endlich, in bescheidenen Verhältnissen ausgeführt, über dem Sakramentsschrein zeigte, mußten sie auf die Bemerkung, daß dieser Platz neben dem Allerheiligsten gewiß der ehrenvollste von allen sei, verstummen. „Und dies diene," schließt Vasari seinen Bericht, „wenn zu nichts anderem, doch dazu, zu zeigen, wie sehr die Armut des Reichtums Beute ist." Aber des Biographen mit leichtem Humor gewürzte Erzählung hat in der That noch einen anderen Wert, wenn sie den lebendigen Eifer, den edlen Wettstreit der Bürger untereinander bezeugt, wenn es galt, dem eigenen Namen auf Jahrhunderte hinaus in der Kirche ein Denkmal zu setzen, wo sie im Leben unzähligemal ein- und ausgegangen, wo sie endlich im Tode bei ihren Vätern eine ehrenvolle Ruhestatt zu finden hofften. Eine Familienkapelle zu besitzen, wo sich die Lebenden mit den Toten zusammenfanden, war eins der vornehmsten Bedürfnisse jener alten Geschlechter, hier an den Wänden und Altären köstliche Gemälde anzubringen, die Grabstätten mit Bildern aus Erz und Marmor zu zieren, der Ehrgeiz eines jeden wackeren Florentiners. Solcher Gesinnung aber, in welcher sich Religiosität mit Ruhmbegierde in seltsamer Weise mischte, verdankt die Renaissancekunst viel von ihrem eigentümlichen Charakter und von ihrem unvergänglichen Ruhm.

Die Feuchtigkeit der Mauern, an welcher schon Orcagnas Gemälde zu Grunde gegangen waren, hat auch noch Ghirlandajos Fresken besonders an den Hochwänden arg geschädigt. Trotzdem ist das Gesamtbild dieser Chorkapelle noch immer von monumentaler Wirkung, das Studium ihrer Fresken im einzelnen belehrend und genußreich, wie wenige Denkmäler der Freskomalerei in dem kunstberühmten Florenz. Das Kreuzgewölbe der Kapelle, „der Himmel," wie es die Florentiner nannten, ist dem Vertrag entsprechend mit blauer Farbe ausgefüllt und die sorgfältig gearbeiteten, aber etwas nüchternen vier Evangelistengestalten (Abb. 30) prangen in einer goldenen Glorie, wie es gleichfalls ausdrücklich vorgesehen war. An den Wänden wurde dagegen das ursprüngliche Programm nicht immer eingehalten, und es scheint, daß Tornabuoni gelegentlich doch auch die eigenen Wünsche denen seines Künstlers unterzuordnen verstand. Gleich die erste Scene aus dem Marienleben unten links vom Eintretenden, Joachims Vertreibung aus dem Tempel, wird im Kontrakt nicht genannt (Abb. 31). Es folgen die Geburt Marias, der Tempelgang, das Sposalizio, die Anbetung der Weisen, der Kindermord von Bethlehem und endlich Marias Tod und Himmelfahrt. Entwickelt sich also der historische Verlauf der Erzählung von unten nach oben, so haben die Maler schon aus praktischen Gründen, um der Gerüste willen, die Schilderung rückwärts begonnen, oben angefangen und unten aufgehört. So bemerkt man auch in der Qualität der Fresken von oben nach unten ein Crescendo, und der Grund für die fast völlige Zerstörung der drei oberen Wandbilder wird nicht nur in der Feuchtigkeit der Mauer, sondern auch in der geringeren Güte der technischen Ausführung zu suchen sein. In

Abb. 35. Geburt Mariä. Florenz, Santa Maria Novella.
(Nach einer Photographie von Br. Alinari, Florenz.)

Abb. 36. Detail aus der Geburt Mariäs.

der That haben von jeher weder der Tod Mariaes, welche in hügelreicher Landschaft in Gegenwart aller Apostel zum Himmel emporschwebt, noch die Anbetung der Könige, ein Ceremonienbild mit vielen Figuren und den hergebrachten antiken Fragmenten als Hintergrund, für besondere Meisterwerke gegolten und haben vollends heute, nachdem die Farben abgeblättert und selbst die Umrisse der Zeichnung unsichtbar geworden sind, jeden Reiz verloren.

Dagegen nimmt Vasari keinen Anstand, dem bethlehemitischen Kindermord (Abb. 32) in derselben Reihe den Preis vor allen übrigen Bildern zu erteilen. Allerdings mußte die völlig neue Erfindung des leidenschaftlichen Kampfes empörter Mütter gegen die unbarmherzigen Mörder ihrer Kinder, wie er in wildem Getümmel eben vor einer Nachbildung des Konstantinbogens an unserem Auge vorüberfliegt, in dem Zeitalter des Biographen Bewunderung erregen, wo die mehr und mehr jeden Inhaltes sich entäußernde Form in jeder Unnatur und Übertreibung als höchste Kunst gepriesen wurde. In Ghirlandajos an antiken Erinnerungen überreichem Fresko entsprechen sich noch Ausdruck und Gebärde, einzelne Motive, wie der vom sich gewordenen Roß zu Boden sinkende Reiter, der einen anderen Krieger im Fall begräbt, die unglückliche Mutter, welche in herzzerreißendem Jammergeschrei den Mörder ihres Kindes von hinten bei den Haaren erfaßt hat, sind mit hochdramatischer

Kraft geschildert; aber in der malerischen Ausführung der Komposition verrät sich gar zu deutlich eine schwache Schülerhand, die man nicht einmal mit dem Schwager die Näffe der Mauer jeden Farbenreiz verloren.

Baftiano Mainardi und David Ghirlandajo, deren Kunstcharakter hier so völlig

Abb. 37. Vertreibung Joachims aus dem Tempel. Moraes, Santa Maria Novella. (Nach einer Photographie von Gebr. Alinari, Florenz.)

Mainardi oder den Brüdern David und Benedetto zu identifizieren wagt, und endlich hat das auch wegen der Entfernung nur schwer genießbare Fresko durch

in dem Domenicos aufgeht, daß es unmöglich ist, sie im einzelnen zu unterscheiden, haben die zwei folgenden Wandbilder ausgeführt, welche sich dem Auge des Be-

Steinmann, Ghirlandajo.

Abb. 38. Porträtkopf des Lorenzo Tornabuoni. Detail der Vertreibung Joachims aus dem Tempel. (Nach einer Photographie von Gebr. Alinari, Florenz.)

schauers schon um ein Erhebliches nähern. Aber auch hier bleibt dem Meister selbst das Verdienst, die Kompositionen entworfen zu haben, ja hier offenbart er zum erstenmal die einzigartige Schönheit seiner architektonischen Hintergründe, durch welche er in seinen Fresken eine je seitlich frohe Stimmung erzeugt. Der prächtige Säulenhof ist als Schauplatz der Vermählung Marias und Josephs (Abb. 33) weit glücklicher gewählt, wie der freie Platz vor einem idealen Rundtempel im Sposalizio Peruginos und Raffaels. Der alten Gesetzen des herrschenden Stiles unterworfene Bau, in welchem sich die Menschen aufs natürlichste bewegen, verstärkt den Schein realer Wirklichkeit, und wie sich das Volksleben, in den Vorhof des Tempels zusammengedrängt, gleichsam intensiver äußert, so gewinnt auch die zart aufgefaßte Mittelgruppe, wo eben der greise Hohepriester die Hände der schüchternen Verlobten zusammenführt, durch den geschlossenen architektonischen Rahmen an äußerem Reiz und innerer Bedeutung.

Im Tempelgang Marias setzt sich die Pracht antiker Säulenhallen und Arkadenbögen, wie sie eines Künstlers an den klassischen Denkmälern Roms gesättigte Phantasie nicht herrlicher ersinnen konnte, naiv in einer bescheidenen Vedute aus dem alten Florenz im Hintergrunde fort (Abb. 34). Goldene Ornamente und Schattierungen, wie sie in keinem der übrigen Fresken so verschwenderisch angebracht wurden, erhöhen den glänzenden Schein des Bildes, das auch an malerischem Reiz alle bisher betrachteten übertrifft. Eiligen Fußes schreitet Maria, das Gebetbuch in den Händen, zum Tempel empor, wo unter der Vorhalle schon der weißbärtige Hohepriester ihrer wartet und ihr zum Empfang freundlich die Hände entgegenstreckt. Die alten Eltern haben unten an den Stufen Halt gemacht, und mit ernster Bewegung schaut die Mutter ihrem Kinde nach. Überall in den Mienen der würdigen Greise, der anmutigen Frauen, die den Vordergrund beleben, äußert sich neidlose Bewunderung der reinen Schönheit, der kindlichen Frömmigkeit der Jungfrau. Die Zeitgenossen aber erteilten der köstlichen Aktstudie den Preis, welche Ghirlandajo mit eigener Hand ein wenig abseits in der Ecke rechts entworfen und gemalt hat. Gleichsam als dürfe in dem von der Antike inspirierten Wunderbau ein antiker Mensch nicht fehlen, brachte er auf den Treppenstufen den fast nackten Philosophen an, welcher Raffael vorgeschwebt haben muß, als er seinen Diogenes für die Schule von Athen entwarf.

Ein reizendes Genrebild aus dem häuslichen Leben der Frau, welcher Ghirlandajo als der erste in der Kunst die Stellung einräumt, die sie im weiteren Verlauf der Renaissance mehr und mehr auch im Leben behaupten sollte, schildert die Geburt Marias (Abb. 35). Der viel bewunderten Leistung sich freuend, vielleicht auch zum Zeugnis dessen, daß er hier wirklich alles selbst gethan, brachte Ghirlandajo im sein ornamentierten Getäfel der Wände den eigenen Namen an: Bighordi Grillandai. Noch heute ist es in Toskana Sitte bei vornehm und gering, daß die vertrauten Freundinnen der Wöchnerin Visite machen, noch heute trägt solcher Besuch, für welchen die köstlichsten Decken, das feinste Leinenzeug aus den Koffern hervorgeholt wird, den feierlichen Charakter, den auch Ghirlandajo so wirksam zum Ausdruck gebracht hat. Man

muß dies Bild an einem sonnenhellen Tage in der Frühe aufsuchen, um seinen eigentümlichen Zauber zu verstehen. Wenn es scheint, als hätte das goldene Morgenlicht Hauch frischen Lebens weht uns an, die tote Vergangenheit wird lebendige Gegenwart. Die würdige Mutter, noch etwas leidend im Ausdruck, aber so still und

Abb. 10. Krönung Mariä. Narni.
(Nach einer Photographie von Gebr. Alinari, Florenz.)

eben seinen Weg gefunden durch das kleine Fenster rechts in der Ecke, als drängen die ersten Sonnenstrahlen in das dämmernde Gemach, dann empfängt das Wesenlose einen wunderbaren Schein der Wirklichkeit, ein dankbar in ihrem Glück, die beiden geschäftigen Wärterinnen, in Tracht und Haltung so unübertrefflich fein charakterisiert, so sicher von der vornehmen Freundin des Hauses unterschieden, welche eben die kleine Maria

Abb. 41. Zeichnung zu einer Krönung Mariae. Rom, Palazzo Corsini.
(Nach einer Photographie von Anderson, Rom.)

Abb. 42. Johannes in der Wüste. Florenz. Santa Maria Novella.
(Nach einer Photographie von Gebr. Alinari, Florenz.)

in den Schoß der Amme zurücklegt und sich selbst erhebt, die Gäste zu empfangen, und endlich alle diese Frauen selbst, die so leise und gewichtig hereintreten — welch ein Meisterstück ist hier geliefert in der Schilderung intimen Frauenlebens! Die erste unter den Besucherinnen, in prächtigem gelben Brokatkleid, ist niemand anders als Ludovica Tornabuoni, die eben dem Kindesalter entwachsene Tochter Giovannis, und unter ihren Begleiterinnen ist wenigstens noch die Matrone, ein wenig im Hintergrunde, in schwarzer Tracht und weißer Novizhaube eine Porträtgestalt: der fast grausam realistische Kopf, dessen Züge

in Erz gebildet scheinen, ruft uns die Grabstatuen ehrwürdiger Nonnen oder Äbtissinnen ins Gedächtnis zurück (Abb. 36).

Aus dem traulichen Halbdunkel des Frauengemaches, wo noch links in der naiven Weise Fra Filippos ganz beiläufig die Begegnung Annas und Joachims an der Goldenen Pforte geschildert ist, versetzt uns die Vertreibung Joachims aus dem Tempel auf einmal in das laute Treiben der Straße unter eine bedeutsame Versammlung stattlicher Männergestalten (Abb. 37). Es sind diese letzteren, nicht der Vorgang im Tempel, auf welche Ghirlandajo seine beste Kraft verwandt hat, und hier fühlt sich

Domenico Ghirlandajo.

Abb. 43. Ermordung des Petrus Martyr. Florenz. Santa Maria Novella.
(Nach einer Photographie von Gebr. Alinari, Florenz.)

auch des Beschauers Neugierde am stärksten erregt. Wer sind diese zwei Gruppen von Porträtgestalten rechts und links, die hier so selbstbewußt an bevorzugter Stelle auftreten und von erfahrener Hand so besonders sorgfältig ausgeführt, sich noch heute ausgezeichneter Erhaltung erfreuen?
Wer Botticellis Fresken im Louvre kennt, den wird in der linken Gruppe der Jüngling, welcher die Rechte in die Seite stemmt, sofort an den Verlobten der Giovanna degli Albizzi erinnern. Es ist in der That Giovannis Erstgeborener, der junge Lorenzo Tornabuoni (Abb. 38), dessen tragisches Geschick sich so bald erfüllen sollte. Er fiel, der hoffnungsvolle Sproß eines der edelsten Häuser von Florenz, noch nicht neunundzwanzig Jahre alt, am 21. August 1497 unter dem Henkerbeil, nachdem ein verzweifelter Versuch, den geächteten Sohn des Lorenzo Magnifico nach Florenz zurückzuführen, gescheitert war. Auch die Namen

seiner Begleiter sind überliefert, vornehme Florentiner aus den Häusern Tornabuoni, Salimbeni und Nasi, ohne hervorragende persönliche Eigenschaften. Weit mehr interessieren uns die vier Männer zur Rechten, deren Namen schon Vasari treulich überliefert hat, indem er die Lebenswahrheit erscheinen. David Ghirlandajo, der dem Beschauer den Rücken wendet, ist ein ziemlich grobkörniger Geselle und scheint hier älter als sein Bruder Domenico. Neben ihm wird der prächtige Kopf des alten Tommaso sichtbar, den Ghirlandajo mit der Kunst eines Miniatoren und der Liebe

Abb. 11. Portrat des Giovanni Tornabuoni. Florenz, Santa Maria Novella.
(Nach einer Photographie von Gebr. Alinari, Florenz.)

und Lebendigkeit ihrer Porträts preist. In der That hat Ghirlandajo in dieser Kapelle keine besseren Bildnisse gemalt als sich selbst*) und die seinen, und es spricht für das persönliche Ansehen des Künstlers und sein freundschaftliches Verhältnis zu den Tornabuoni, daß die Familien des einen und des anderen auf derselben Bildfläche

*) Vergl. das Titelbild.

eines Sohnes ausgeführt hat; ganz in der Ecke endlich erscheint der Schwager aus San Gimignano, Bastiano Mainardi, kenntlich, wie Vasari schreibt, an den schwarzen Haaren und gewissen breiten Lippen. Domenico selbst behauptet den Ehrenplatz, der ihm gebührt. Er zeigt sich in ganzer Figur, in gewählter Stellung, den roten Mantel kunstvoll über Schulter und Hüften zurechtgelegt, die Bewegung der wohlgeformten

5. 45. Rechte Wand der Chorkapelle von Santa Maria Novella in Florenz. (Gesamtansicht.)
(Nach einer Photographie von Gebr. Alinari, Florenz.)

Abb. 46. Das Gastmahl des Herodes. Florenz, Santa Maria Novella.
(Nach einer Photographie von Gebr. Alinari, Florenz.)

Hände aufs beste durch das Halten des Mantels motiviert. Es spricht kein Genius aus diesem Kopf, aber ein ernstes Wollen und ein tüchtiges Vollbringen, auch wohl das berechtigte Selbstgefühl eines Mannes, der seines eigenen Werkes Wert erkennt.

Domenico würde wohl selbst am lautesten protestiert haben, hätte man ihn für die farbige Ausführung der fast durchgängig mittelmäßigen, überdies durch das hohe dreiteilige Glasfenster in ihrer Wirkung arg beeinträchtigten Fresken der Mittelwand des geradlinig geschlossenen Chores verantwortlich machen wollen. Abgesehen von dem Porträt des Stifters hat er hier seine Thätigkeit auf den Entwurf beschränkt, in welchem er sich in der Wahl des Gegenständlichen keineswegs immer an die Bestimmungen des Kontraktes gebunden glaubte. Die Krönung Marias (Abb. 39) brachte er allerdings der Vorschrift gemäß in dem durch die Zumauerung des Rundfensters vergrößerten Bogenfeld der Mitte an. Leider hat dies Fresko heute jeden malerischen Reiz verloren. Aber durch die originelle Gliederung, die äußerst glückliche Belebung einer ungeheuren Fläche, als Vorbild, dessen sich Fra Bartolommeo im Jüngsten Gericht von Santa Maria Nuova und Raffael im Fresko von San Severo, ja selbst noch in der Disputa bedient zu haben scheinen, erregt diese in drei horizontalen Linien mit großer Kunst der Perspektive klar und übersichtlich entwickelte Komposition von Engeln und Heiligen des Alten und Neuen Bundes ein besonderes Interesse.*)

Den schmalen Wandstreifen am Fenster

* In denselben Jahren — jedenfalls vor 1487 — malte Ghirlandajo auch ein Tafelbild mit einer Krönung Marias für eine Franziskanerkirche in Narni, wo es noch heute im Stadthause bewahrt wird Abb. 10, 11. Das Kolossalgemälde, an welchem übrigens viel Gehilfenarbeit ist, wurde von den Zeitgenossen so bewundert, daß Giovanni Spagna, einer der besten Schüler Peruginos, das Bild kopieren mußte. Diese merkwürdige Übertragung des Florentiner Stiles in den umbrischen ziert heute die Municipalgalerie von Todi und erfreut sich vorzüglicher Erhaltung.

rechts schmücken übereinander aufgebaut das Porträt der schon seit langen Jahren verstorbenen Francesca Tornabuoni zu unterst, die Flucht des kleinen Johannes in die Wüste in der Mitte (Abb. 42) und endlich oben die Ermordung des Petrus Martyr (Abb. 43). Das hart und trocken behandelte Bildnis der als Matrone gekleideten knieenden Stifterin hat mancherlei Unbilden erlitten, besser erhalten sind die beiden anderen auffallend blaßfarbigen Fresken, in denen das Landschaftliche mit besonderer Liebe behandelt ist.

Die entsprechenden Darstellungen links, „Die Verkündigung" und „Die Verbrennung von Ketzerschriften durch den heiligen Dominicus" waren niemals Meisterwerke und sind von allen Fresken der mittleren Chorwand am ärgsten zerstört. Die Feuchtigkeit dieser Wand ist aber leider auch für das herrliche Porträt des knieenden Stifters verhängnisvoll geworden, das Ghirlandajo ganz mit eigener Hand mit all der Sorgfalt und Liebe gemalt hat, die sein Freund und Auftraggeber beanspruchen durfte (Abb. 44). Jetzt allerdings gibt das staubbedeckte, in der Farbe fast völlig zerstörte Bild nur noch einen unbestimmten Begriff von seiner einstigen Bedeutung. Wie hoch mag es einst den wackeren Tornabuoni befriedigt haben! Hier paarte sich die ernste Würde des Alters mit demütiger Frömmigkeit, aber ein großer starker Wille scheint der vorherrschende Zug im Charakter des Florentiner Handelsherrn gewesen zu sein. Der faltenreiche dunkelrote Mantel mit den lang herabfallenden Ärmeln, der heute wie ein abgetragenes Gewand zerrissen und schmutzig geworden ist, muß ihn einst prächtig gekleidet haben, in den schlanken, knochigen Fingern, in dem klugen, lebendigen Kopf, welchen zwei große braune Augen beleben, bewundert man heute nur noch die Sicherheit der Zeichnung, die seine Charakteristik, nachdem die Farbe fast gänzlich zu Grunde gegangen ist.

In demselben volkstümlichen Legendenton, in welchem Ghirlandajo an der West-

Abb. 47. Die Predigt des Johannes. Florenz, Santa Maria Novella.
(Nach einer Photographie von Gebr. Alinari, Florenz.)

Abb. 48. Die Taufe Christi. Florenz. Santa Maria Novella.
(Nach einer Photographie von Gebr. Alinari, Florenz.)

wand des Chores das Marienleben schilderte — war doch der Jungfrau die alte Dominikanerkirche geweiht — hat er auch an der Ostwand das Leben des großen Stadtheiligen von Florenz, Johannes des Täufers, erzählt (Abb. 45). Die Gliederung der Wandfläche ist hier dieselbe wie dort, auch hier läuft die Erzählung von unten nach oben fort und der künstlerische Wert der Fresken, welche die Maler natürlich auch diesmal oben ins Werk zu setzen begannen, steigert sich allmählich nach unten zu. So ist das oberste überdies fast völlig zerstörte Fresko im Bogenzwickel, das Gastmal des Herodes, malerisch die schwächste Leistung (Abb. 46). Und doch verleugnet sich auch hier nicht Domenicos oft gerühmte Kunst zu komponieren, sein staunenswerter Sinn für architektonische Verhältnisse, seine glückliche Gabe, mit Schilderungen aus dem wirklichen Leben der wenig regsamen Phantasie zu Hilfe zu kommen. Wer hätte überhaupt einen großartigeren Festsaal erfinden können, wer hat jemals vor ihm ein Königsmahl zweckentsprechender disponiert und lebenswahrer geschildert? An der Mitteltafel, die auf zwei Stufen erhöht ist, speisen drei Herren von fürstlichem Geblüt; rechts und links in den Nebenhallen, nach strenger Etikette die Geschlechter voneinander getrennt, hat die Hofgesellschaft an langen Tafeln Platz gefunden. Solch' ein Gelage, ein unübertreffliches Bild der genußfrohen Renaissancekultur, mußte der Künstler gesehen haben, um es schildern zu können, und hätte er selber den Pinsel zur Hand genommen und die ganze Ausführung des großartigen Entwurfes nicht einem seiner schwächsten Schüler anvertraut — hier wäre ihm ein Meisterstück gelungen.

Die Predigt des Johannes (Abb. 47) und die Taufe Christi (Abb. 48) in der folgenden Reihe nebeneinander sprechen uns an, wie ein einziges Gemälde. So völlig stimmen die Landschaft und die menschlichen Typen überein, so verwandt ist der Ton der Schilderung, so gleichwertig das Geleistete. Es sind liebenswürdige, in der Kunst oft wiederholte Erzählungen, in denen es keine psychologischen Probleme zu lösen galt, wo ein guter Wille und ein wenig Talent genügten, das Stoffliche zu bemeistern, wo eine heitere Farbenstimmung Ersatz bieten konnte für den fehlenden Ausdruck der Seele. In der Taufe Christi erinnern die nackten Jünglinge an die Täuflinge in Masaccios Taufe Petri in der Brancaccikapelle, die beiden Gestalten rechts, vor allem der zweite

Das nackte Putto, welches am Baumstumpf hockt, auf welchem der Täufer predigt, ist treulich einer bekannten Antike nachgebildet, von der man heute zwei Exemplare in den Uffizien, ein drittes in den vatikanischen Sammlungen bewahrt. Wer die Schwierigkeiten erwägt, welche so viele Jahrhunderte hindurch die Kunst in der Bildung eines Kindeskörpers zu überwinden hatte, wird

Abb. 49. Die Namengebung des Johannes. Florenz. Santa Maria Novella.
(Nach einer Photographie von Gebr. Alinari, Florenz.)

barhauptige Alte mit fast grimmigem Ausdruck, repräsentieren den verächtlichen Unglauben der jüdischen Gelehrten aufs beste. Man möchte in diesen seltsamen Köpfen ein Studium nach antiken Bronzen voraussetzen, um so mehr, als sich in der Predigt des Johannes eine antike Reminiscenz ohne weiteres nachweisen läßt. Das figurenreiche, aber wenig belebte Bild, in welchem der einsam wandelnde Christus am tiefsten empfunden ist, welcher sich eben dem um Johannes gescharten Zuhörerkreis nähert, bietet doch eine beachtenswerte Einzelheit.

verstehen, warum selbst Männer, wie Botticelli und Ghirlandajo, hier gern von der Antike entlehnten.

Je näher dem Beschauer, desto besser die Arbeit: diese Beobachtung drängt sich auch im Leben des Täufers auf. Hat Ghirlandajo an der Ausmalung der Predigt und der Taufe sicherlich nicht den mindesten Anteil, so übertrug er die folgende Bilderreihe nicht nur einem weit tüchtigeren Gehilfen; er hat auch hier, wenigstens in der Geburt des Johannes (Abb. 50), schon selbst den Pinsel in die Hand genommen. Die

Abb. 51. Detail aus der Geburt des Täufers.

Namengebung des kleinen Täufers (Abb. 49), welche im pfeilergetragenen Hof eines prächtigen Renaissancepalastes vor sich geht, muß jeden unbefangenen Beschauer entzücken. Alt und jung hat sich erwartungsvoll um den ehrwürdigen Vater geschart, dem die Wärterin knieend das Kind zur Namengebung darbietet. Man liest die tiefe Bewegung in den Mienen des alten Zacharias, wie er eben die Worte aufs Papier bringt, die oben am Fries über den Pfeilern in goldenen Lettern eingegraben sind: Johannes est nomen ejus. Man sieht die Neugierde der Frauen, welche nur eine andachtsvolle Scheu in Schranken hält, und die Teilnahme der Männer, welche sich lebhafter zu äußern wagt. Hat Raffael, der mit

Steinmann, Ghirlandajo.

Bienenfleiß von allen Blüten den Honig zusammentrug, sich dieses Bildes erinnert, als er in der Stanza della Segnatura seine berühmte Geometergruppe entwarf? Ist nicht in der That schon in Ausdruck und Bewegung der vier Männer, von denen jeder in seiner Weise dem Zacharias sein Geheimnis zu entreißen sucht, im Keime die Lernbegierde der vier Euklidschüler vorgebildet, in welchen sich „der psychologische Prozeß des Erkennens von der äußerlichen Aneignung bis zum Durchdringen des Gegenstandes" so unübertrefflich äußert? Stilistisch gibt sich dies Fresko in der Ausführung ganz als Arbeit jenes Gehilfen kund, der an der Wand gegenüber den Tempelgang Marias malte.

in der Komposition gehört er wie alle übrigen, dem Meister selbst.

Ein tüchtiges Talent war alles, was die Natur Ghirlandajo beschert hatte, wie hätte er nicht hinter Verrocchio und Botticelli, ja selbst hinter Fra Filippo und den Pollajuolo zurückstehen sollen! Aber er besaß das Genie des Fleißes und diesem verdankt er die Bewunderung seiner Zeitgenossen. In den vier Jahren, die er im Chor von Santa Maria Novella arbeitete, anderen gehorchten und ausführten, es muß zu Domenicos Ehre gesagt werden, daß er auch den Pinsel fleißig geführt hat und noch wie seine Schüler und Gehilfen reichliche Zeit fand, den feuchten Mauerbewurf mit Farben zu tränken. Die drei letzten Darstellungen aus dem Leben des Täufers, hat er wie die Tempelvertreibung Joachims und die Geburt Marias nicht nur entworfen, sondern auch in allen Hauptsachen selbst gemalt und hier zum Schluß noch

Abb. 51. Federzeichnung zur Heimsuchung. Florenz. Uffizien.

beschäftigten ihn außerdem Mosaikarbeiten an den Domportalen, er malte damals nacheinander die Krönung Marias in Narni, die heute zerstörten Fresken im Kloster von Settimo, die Anbetung der Könige in den Uffizien und sein herrlichstes Tafelbild, die Anbetung in den Innocenti. Und doch durfte er sich nicht begnügen, für Giovanni Tornabuoni den gewaltigen Bilderkreis im ganzen zu entwerfen und die Komposition jeder Erzählung im einzelnen zu bestimmen. Mag man immer die ganze Thätigkeit des vielbeschäftigten Künstlers einem gemeinsamen Unternehmen vergleichen, wo einer dachte und entwarf und die einmal all seine Kunst und Kraft zusammengerafft.

Die Geburt des Täufers (Abb. 50) ist nichts anderes als eine freie Wiederholung der Geburt Marias, wie diese ein reizendes Bild aus dem häuslichen Sein und Treiben der Frau, durch die eilig hinter den Gästen eintretende Dienerin, welche „nach Sitte der Florentiner Früchte und Wein aus der Villa herbeiträgt," um einen anmutigen Zug aus dem bürgerlichen Leben des Quattrocento vermehrt. Aber es fehlt diesem Bilde, das überdies niemals so günstiges Licht erhält, wie die Fresken gegenüber, die feine Luftperspektive, das trauliche Helldunkel, und die Frauen, welche dort so wunderbar frische Wirklichkeit atmen, scheinen hier gemessen und kühl. Die vornehme junge her die einzige Porträtgestalt (Abb. 51). Der unbefangene Liebreiz ihrer Jugend leuchtet siegreich durch eine spätere Übermalung

Abb. 51. Die Heimsuchung. Florenz. Santa Maria Novella. (Nach einer Photographie von Gebr. Alinari, Florenz.)

Abb. 54. Kopf der Elisabeth aus der Heimsuchung.

angelo über ganz Florenz, das liebliche Arnothal und die villenbesetzten Hügel, die es umkränzen, bis zu den blauen Berggipfeln des Apennin genießt, hat schon Ghirlandajo zu einer Naturschilderung begeistert. Aus Phantasie und Wirklichkeit ein heiteres Gebilde schaffend, verlegte er die Heimsuchung Elisabeths (Abb. 52 u. 53) auf jene reizende Höhe vor San Miniato, wo sich schon damals auf dem von hoher Rampe eingefaßten Felsvorsprung die Florentiner des Anblicks ihrer Vaterstadt freuten. Die Begegnung der beiden Frauen, welche mit leiser Umarmung mit einem Blick des Auges ihre Gedanken und Gefühle austauschen, konnte nicht zartsinniger geschildert werden, und ein so durchgeistigter Kopf, wie der Elisabeths, ist Ghirlandajo in seinen Idealgestalten selten gelungen (Abb. 54). Den drei Frauen, welche rechts in gemessener Entfernung von der Mittelgruppe Halt gemacht haben, entsprechen links drei jugendliche Heilige, als solche durch die halberloschenen Glorienscheine über ihren Häuptern kenntlich. Es sind gewiß die Namensheiligen jener drei Porträtgestalten, unter denen Vasari die schöne Ginevra de' Benci erkennen wollte, die schon im Jahre 1473 als junge Gattin des Luigi Nicolini starb und so nicht jenes „wunderschöne Mädchen" sein kann, welcher die älteren Frauen willig den Vortritt gegönnt (Abb. 55). Aber auch Giovanna degli Albizzi, seit 1486 dem Lorenzo Tornabuoni vermählt, kann hier nicht dargestellt worden

Abb. 55. Unbekanntes Frauenporträt aus der Heimsuchung.

u, nachdem das Bildnis der jungen Frau
Botticellis Fresko im Louvre einmal als
Porträt festgestellt worden ist (Abb. 56).
ir erkennen die Gattin Lorenzos vielmehr
der zweiten Frau, welche ein wenig zurück-
tend zwischen der jungen Schönheit und
Matrone sichtbar wird. Hatte sie (Ghir-
ndajo überhaupt noch nach dem Leben malen
nnen? Der Chronist Ammirato, welcher die
änzende Hochzeit im Hause der Tornabuoni
schreibt, sagt zum Schluß: „Aber es ist
ahr, wo das Lachen aufhört, beginnt schon
s Weinen, denn diese junge Frau starb
der Geburt und ließ dem alten Vater
d dem jungen Gatten, der sie aufs in-
gite liebte, nichts als die geheiligte, aber
idvolle Erinnerung ihrer guten Sitten und

ihrer Schönheit." So ist es mehr als
wahrscheinlich, daß Giovanna degli Albizzi
schon tot war, als Ghirlandajo um 1490
ihr Porträt in der Heimsuchung anbrachte,
und wenn man das Gemälde Botticellis
mit Ghirlandajos Fresko vergleichen will,
so erkennt man sofort, daß das Bildnis
der Verstorbenen, welches einst die Villa
Lemmi zierte, für das Fresko in Santa
Maria Novella als Vorbild gedient hat.
Ist doch die Haltung des Kopfes, welchem
Ghirlandajo einen wehmütig leidenden Zug
gegeben hat, die Haartracht, ja selbst das
Halsband, gewiß die Hochzeitsgabe des
Gatten, hier und dort unverändert geblieben und nur das Kopftuch ist in ein-
fachere Falten gelegt.

So haben beide, Botticelli und Ghirlandajo, das Gedächtnis Lorenzos und seiner jugendschönen Gattin der Nachwelt erhalten, und hat sie das flüchtige Leben um ein reiches Erdenglück betrogen, die Kunst hat ihre Züge festgehalten und ihren Namen Unsterblichkeit verliehen.*)

Welch eine Fülle kulturgeschichtlich inter-essanter Aufschlüsse würden uns Ghirlandajos Fresken geben, wenn wir auch das scheinbar Zufällige unter die Sitten und Gesetze der Zeit zu ordnen vermöchten! Um nur von den Frauen zu reden, deren Sitten und Gebräuche niemals wieder in der Renaissancekunst ein ähnliches Denkmal gefunden haben, wie mancherlei Besonderheiten der feinen Lebensart, der Trachten und Kleiderregeln, hat hier die Kunst bewahrt, deren Spuren wir auch heute noch

---

Abb. 56. Porträt der Giovanna degli Albizzi. Paris, Louvre.

im Leben entdecken! Noch heute äußert sich in Toscana in der Tracht der Frau, ob sie verheiratet ist oder nicht, gewisse Schmuck-

*) Enrico Ridolfi hat in einer ausgezeichneten Studie über die Chorfresken von Santa Maria Novella zuerst alle Legenden, die sich um Ginevra de' Benci gewonnen hatten, zerstreut; er hat auch zuerst Ludovica Tornabuoni unter den Frauen entdeckt. Aber wenn er in der jungen Schönen, welche Vasari Ginevra de' Benci nannte, Giovanna degli Albizzi erkennen wollte, so muß ihn die schlagende Übereinstimmung des mittelsten Frauenkopfes mit dem Porträt Botticellis eines besseren belehren. Ein drittes Porträt der Giovanna degli Albizzi, welches Cicognara zuerst als solches erkannte, gelangte aus der Casa Pandolfini in den Besitz des W. H. Willett in Brighton. Wie mir Mr. Herbert Thompson schreibt, wurde dies herrlichste aller Porträts, das Ghirlandajo je gemalt, vor kurzem nach Amerika verkauft.

stücke Brillanten und Perlen legen nur verheiratete Frauen an, und das achtreihige Perlenhalsband gilt heute noch, wenigstens auf dem Lande, als dasjenige Stück der Aussteuer, auf welches die Braut den höchsten Wert legt. Aus Ghirlandajos Fresken ergibt sich für die Frauentrachten des Quattrocento, die nach dem glänzenden Besuch des Herzogs Galeazzo Sforza von Mailand in Florenz im Jahre 1471 neu geregelt wurden, etwa folgendes mit Sicherheit: Jungfrauen trugen kein Kopftuch, Hals und Schultern entblößt und ein einziges „Giojello" an einer feinen Schnur; jungverheiratete Frauen legten einen leichten weißen Schleier an und das Perlenhalsband um den entblößten Hals; Matronen endlich trugen ein weißes doppelgefälteltes Kopftuch, das lang auf die Schultern herniederfiel und in seine Streifen zusammengelegt, den Hals bis ans Kinn verhüllte.

Weniger scharf scheinen sich Stand und Alter in den Trachten der Männer (und gegeben zu haben, obwohl auch hier vor allem in Form und Farbe der Kopfbedeckungen gewisse Vorschriften galten. Wollte doch Lorenzo de' Medici in seiner Scharlachkappe begraben werden. Aber aus dem letzten Fresko Ghirlandajos in Santa Maria Novella (Abb. 58), wo die Erscheinung des Zacharias im Tempel völlig vor einer Unzahl von Porträtgestalten verschwindet, lassen sich für die Männertrachten keine streng durchgeführten Regeln ableiten.

Durch einen Bericht, welchen Vincenzo Tornaquinci im Jahre 1561 nach den Aussagen des 89jährigen Benedetto di Luca Landucci niederschrieb, sind uns die Namen all dieser wackeren Florentiner erhalten, zum größten Teil Mitglieder der Häuser Tornabuoni und Tornaquinci (Abb. 58). Die beiden äußersten der vier Männer links vom Altar, in deren Köpfen sich eine gewisse Familienähnlichkeit verrät, sollen Giovanni und Leonardo Tornabuoni sein, der erstere der Stifter der Kapelle, der zweite sein Bruder. Aber es fällt schwer, eins dieser Porträts mit dem Stifterbildnis der Altarwand zu

Abb. 58. Das Opfer des Zacharias im Tempel. Florenz. Santa Maria Novella.
Nach einer Photographie von Gebr. Alinari, Florenz.

Domenico Ghirlandajo.

Abb. 50. Detail aus dem Opfer des Zacharias im Tempel.

identifizieren. Neben ihnen erwecken nur noch die vier Bildnisse unten links auf derselben Seite des Beschauers Interesse. Es sind, wie Vasari sich ausdrückt, die gelehrtesten Männer, welche in jenen Zeiten in Florenz zu finden waren, nämlich Cristoforo Landini, der Verfasser des berühmten Dantekommentars, Angelo Poliziano, Marsilio Ficino und Gentile de' Becchi, Bischof von Arezzo,*) unter denen wir noch heute Angelo Poliziano und Marsilio Ficino als vornehmste Vertreter des Humanismus im Zeitalter der Renaissance preisen. Das Bild Polizianos ist nur noch in einer Medaille erhalten, er ist der jüngste unter den vieren, welcher die Hand ein wenig emporhebt. Marsilio Ficinos Porträt, der auf Ghirlandajos Gemälde als der äußerste rechts in dem violetten Mantel eines Geistlichen neben dem greisen Bischof von Arezzo erscheint, ist auch aus jener edel aufgefaßten Marmorbüste Ferruccios bekannt, die, um den berühmten Platoniker zu ehren, im Jahre 1521 in einer Nische im rechten Seitenschiff von Santa Maria del Fiore aufgestellt worden ist.

Es gibt wenige Schöpfungen in der Kulturgeschichte der Menschheit, in denen sich das Bild einer ganzen Zeitepoche in so klaren Zügen wiederspiegelt, wie in dem Fresko, mit welchem Ghirlandajo seine vierjährige Arbeit in Santa Maria Novella beschloß. Die schlichte Art, wie diese vor-

*) Den letzteren hat Vasari fälschlich Demetrio Greco genannt.

nehmen Männer sich als das wartende Volk vor den Thoren des Heiligtums versammelt haben, bezeichnet besser als Worte ihren ernstgerichteten, durch eine große Zeit gebildeten Charakter (Abb. 59). Da stehen sie, zufrieden, sich der Nachwelt so zu zeigen, wie sie waren, die alten in erster Reihe, die jungen bescheiden zurücktretend, jeder unter ihnen eine tüchtige Persönlichkeit, ein fertiger Charakter. Man lese doch, was Vincenzio Borghini in seinen im Jahre 1585 in Florenz erschienenen „Discorsi" von diesen Männern sagt, und man wird Giovanni Tornabuoni und die Seinen ganz verstehen: „Mit so frugalen und bescheidenen Sitten lebte man damals. Ein jeder mochte den anderen ohne Umstände zu sich zur Mahlzeit bitten und dieser die Einladung ohne Bedenken annehmen. Alle Töchter verheirateten sich, denn die Mitgift war nicht groß und die Ausgaben beim Hochzeitsmahl in Gewändern und Schmuckstücken beschränkt; wie auch alles Gerät kunstvoll und zweckentsprechend, aber niemals üppig und überflüssig war. Aber man denke nicht, daß deswegen, wenn die Ehre es gebot oder wenn es ihnen gerade so gut schien, ihre Freigebigkeit und Pracht irgendwie zu wünschen übriggelassen hätte. In der That, sie brachten Dinge zustande, die man heute nicht mehr glauben würde. Ja, wenn ich bei mir die Handlungsweise unserer Väter überdenke, so meine ich oft in einer Person zwei ganz verschiedene Menschen zu entdecken von völlig entgegengesetzter Natur: wenn ich sehe, wie einer daheim und im häuslichen Leben ganz die alte Einfachheit und Sparsamkeit beibehalten

Abb. 60. Ein Greisenporträt. Paris. Louvre.

hat und derselbe Mann im öffentlichen Leben wie ein Lucullus und seinesgleichen auftritt. Man denke doch nur an die wunderbaren Bauten, an die Paläste in der Stadt und die Villen draußen, die mit unglaublichen Kosten und wahrhaft königlicher Pracht

Sollen wir ihn glücklich preisen, sollen wir ihn bellagen, daß ihn ein schneller Tod nur drei Jahre nach der Vollendung dieser Fresken dahinraffte, als er eben die Sonnenhöhe seines Ruhmes erreicht hatte? Er starb am 11. Januar 1494 an einem

heit vernahmen. „Der Freundschaft, der Anhänglichkeit und der guten Dienste eingedenk, welche Domenico stets Giovanni und seinem Hause erwiesen hatte."

Der Louvre in Paris, die Galerien von München und Berlin bewahren diese letzten Werke, in deren Ausführung sich Ghirlandajo, wie gewöhnlich, von seinen Schülern helfen ließ. Der Louvre besitzt auch ein prächtiges Greisenporträt des Meisters aus seiner späteren Zeit (Abb. 60), wo die derbe Häßlichkeit des Alten durch die Zärtlichkeit gemildert wird, welche er seinem blondlockigen Enkelknaben bezeugt. Aber eine weit köstlichere Perle der reifsten Kunst Domenicos ist das wohlerhaltene Altarbild, welches Lorenzo Tornabuoni im Jahre 1491 für die Kirche Santa Maddalena de' Pazzi malen ließ und das im Jahre 1822 nach

Abb. 62. Auferstehung Christi. Berlin. Museum.
(Nach einer Photographie von Franz Hanfstängl, München.)

Paris gelangte (Abb. 61). Die Heimsuchung, welche hier vor einem perlenbesetzten Thore geschildert ist, das einen freien Blick auf eine ferne Stadt und Festung öffnet, erinnert in der einfachen Großartigkeit der Faltengebung im Typus Marias vor allem und der heiligen Frauen Maria Jacobi und Maria Salome an das Fresko im Chor von Santa Maria Novella; an Innigkeit der

Abb. 63. Flügelbilder des Hochaltars von Santa Maria Novella. München, Pinakothek.

Empfindung, an edlem Ernst der Auffassung aber hat Ghirlandajo hier so Großes geleistet, wie Andrea della Robbia in der berühmten Terracottagruppe in San Giovanni Fuorcivitas in Pistoja. Eigenschaften. Als im Jahre 1804 der alte herrliche Hochaltar zerstört wurde, wurden die dem Langhaus zugekehrten Bilder des Triptychons, welche Ghirlandajo noch selbst gemalt hatte, nach München

Abb. 64. Maria in der Glorie. München. Pinakothek.

Auch in dem prächtigen Altarwerk von Santa Maria Novella, welches Giovanni Tornabuoni, wie es scheint, erst einige Jahre nach der Vollendung der Fresken bestellt, da Ghirlandajo es bei seinem Tode unvollendet zurückließ, entdeckt man vor allem in der Vorderseite des Meisters beste verkauft, die ganze Rückseite, eine Auferstehung Christi (Abb. 62) mit den Heiligen Antonius und Vincentius, von Domenicos Brüdern und Francesco Granacci ausgeführt, gelangte nach Berlin.

In der in Wolken thronenden Madonna in München Abb. 64, wo auch die Flügel bilder des Altarwerks bewahrt werden Abb. 63, finden die in der Anbetung der Könige in den Innocenti verkörperten Ideen den letzten Ausdruck und die reinste Verklärung. Maria, die sich bis dahin mit dem Thron irdischer Könige begnügen mußte, ist in dieser vollendet schönen Komposition zum erstenmal der Erde entrückt, und die Heiligen zu ihren Füßen — Sankt Michael, Dominicus, Johannes der Täufer, Johannes der Evangelist — erscheinen mehr als je als Vermittler zwischen der Himmelskönigin und der anbetenden Menge. Von Luft und Licht umflossen, schwebt sie mit dem Kinde, das sie mütterlich nährt, in der von Seraphimköpfen umkränzten Mandorla mitten in der heiteren Landschaft, eine Vision von unaussprechlich poetischem Zauber, aus welcher es uns wie eine Erhörung der Dichterworte entgegenweht:

> Höchste Herrscherin der Welt,
> Lasse mich im blauen
> Ausgespannten Himmelszelt
> Dein Geheimnis schauen!

Ghirlandajo konnte als Freskomaler nichts Größeres leisten, wie die Chormalereien von Santa Maria Novella: in seinen Madonnenbildern, in denen sich auch bei ihm die folgerichtige Entwickelung seiner künstlerischen Individualität auf's klarste äußert, hat er in den Bildern in den Innocenti und in München, ebenfalls sein Schönheitsideal erreicht. So starb er für seinen Nachruhm zur rechten Zeit, und wie im Leben, so ist er auch im Sterben glücklicher gewesen, als so viele Florentiner Künstler im Quattrocento, welche die Vereinsamung des Alters oft schmerzlich empfanden, in Manierismus verfielen und sich von jüngeren Kunstgenossen überflügelt sahen.

In Santa Maria Novella, dort wo er sich selbst ein unvergängliches Ruhmesdenkmal gesetzt hat, fand er sein Grab.

Domenicos bürgerliches Ansehen und künstlerischer Ruhm übertrug sich auf seinen Erstgeborenen Ridolfo, durch dessen fünfzehn Söhne dem Geschlecht der Ghirlandajos auch für die folgenden Jahrhunderte ein fröhliches Fortbestehen gesichert worden ist.

Verzeichnis der besprochenen Werke Domenico Ghirlandajos.

Berlin. (Schule.) Auferstehung Christi.
Florenz. Ognissanti. Das letzte Abendmahl. Der heilige Hieronymus.
　Kloster von San Marco. (Schule.) Das letzte Abendmahl.
　Kapelle Sassetti in S. Trinita. Fresken.
　Uffizien. Thronende Madonna. Anbetung der Könige.
　Akademie. Thronende Madonna. Anbetung der Hirten.
　Palazzo Pitti. (Schule.) Anbetung der Könige.
　Kirche der Innocenti. Anbetung der Könige.
　Santa Maria Novella. Fresken.
　Palazzo Vecchio. Der heilige Zenobius. Römische Helden.
S. Gimignano. Kollegiatkirche. Freskencyklus aus dem Leben der h. Fina. Kapelle von S. Giovanni. Verkündigung.
London. Mr. Robert Benson. Francesco Sassetti und sein Sohn.
Lucca. Dom. Thronende Madonna.
München. Pinakothek. Madonna in der Glorie. Flügelbilder.
Narni. Municipalmuseum. Krönung Marias.
Paris. Louvre. Porträt eines alten Mannes mit seinem Enkel. Heimsuchung.
Pisa. S. Anna. Thronende Madonna.
Rom. Vatikan. Sixtinische Kapelle. Fresken: Papstporträts. Berufung der ersten Jünger.

Inhaltsübersicht.

　　　　　　　　　　　　　　　　　　　　　　　　　Seite
I. Die Jugendentwickelung. Die Fresken in San Gimignano. Das Abendmahl in Ognissanti. Die Fresken in der Sixtinischen Kapelle 3
II. Die Fresken im Palazzo Vecchio und in der Kapelle Sassetti. Madonnenbilder . 21
III. Der Freskencyklus in Santa Maria Novella 40